U0554020

语文专题学习与整本书阅读十讲

吴　泓　著

商务印书馆
The Commercial Press
创于1897

图书在版编目(CIP)数据

语文专题学习与整本书阅读十讲/吴泓著.—北京：
商务印书馆,2021(2022.7 重印)
ISBN 978-7-100-20003-5

Ⅰ.①语⋯　Ⅱ.①吴⋯　Ⅲ.①阅读课—高中—教
学参考资料　Ⅳ.①G634.333

中国版本图书馆 CIP 数据核字(2021)第 108414 号

权利保留,侵权必究。

语文专题学习与整本书阅读十讲
吴泓　著

商 务 印 书 馆 出 版
(北京王府井大街 36 号　邮政编码 100710)
商 务 印 书 馆 发 行
北京市白帆印务有限公司印刷
ISBN 978-7-100-20003-5

2021 年 11 月第 1 版　　　开本 787×1092　1/16
2022 年 7 月北京第 3 次印刷　　印张 12¾
定价:55.00 元

▋ 序 言

　　吴泓多年前就开始试验语文课的"专题学习"与"整本书阅读"。他所在的深圳新安中学，并非"高大上"的重点校，但挺开明的，或者因为"吴特"（吴泓是特级教师，学生喜欢这样称呼他）有话语权，所以能独辟一块"试验田"，大胆去实验，而且一做就是多年，越做越有兴味。如今高中语文课程标准明确提倡以"学习任务群"组织教学，新教材也顺着这个思路去编写，"专题学习"与"整本书阅读"是其中一种新课型。吴泓是这方面的先行者，他把多年实验的过程、方法和经验写成书，自然是珍贵的。

　　吴泓的实验站位很高，他认为实施"专题学习"与"整本书阅读"不只是教学方法的更新，更是育人方式的转变，目标指向是立德树人，全人教育，是健全的"情感、态度、价值观"的养成。这是一种理想，却又贴近现实，是现实"逼"出来的改革。什么"现实"？现在几乎全社会都在抱怨应试教育，但又摆脱不了它的束缚，高考是"硬道理"，学生、家长压力巨大。课改进行多年了，"动作"很多，如果不直面这个"现实"，往往会无功而返。老师们对此很无奈。吴泓也有抱怨，有时甚至有点"愤青"，但他毕竟清醒，在人们司空见惯的"现实"中有自己的发现。他的发现之一，就是学生普遍不喜欢语文课。光是围绕高考转，用老办法亦步亦趋教语文，是很难让现在的学生喜欢的。而不喜欢，就学不好，考试也未必能拿分。何不换个思路？吴泓就想摆脱一篇篇教课文、做练习的习惯，改为设计一些专题，让学生带着问题去阅读、思考。他用实验来证明，这种办法的确可以激发兴趣，调动学习的主动性，而且书读得多了，语文素养得到提升，考试成绩顺理成章也就上去了。我很赞佩吴泓在应试教育仍很盛行的氛围中能坚持理想，又面对现实，大胆去改革。有水平的老师懂得平衡，既让学生考得好，又不会把他们的脑子搞死，兴趣搞没了。吴泓是"懂平衡"的老师。

吴泓的实验在当年是有些"前卫"的，教学中也肯定会碰到许多缠夹不清的问题，但他能用简洁的思维去抓关键，寻找化解矛盾的门径。在他看来，"专题学习"或"整本书阅读"有它的"法门"，就是给学生一个问题，激起研习的兴趣，让学生带着问题去读书和思考，逐渐走出阅读量少、视野窄、思维贫乏、写作内容肤浅空洞的窘境。其中老师的引导非常重要，要考虑高中生的认知水平和语文学习的阶段需求，要帮助学生设计有趣的专题，准备合适的阅读材料。专题的选择可能是超越了教材而重组的，往往选择某一部经典作品，或某一位在历史上影响巨大的人物，或某一个重要的文学、社会现象或思潮等，然后整合、萃取出丰富而又集中的学习资源，创建、设计好学习的过程，让学生通过阅读、梳理、鉴赏、探究、表达与交流等语文学习活动，去习得方法、培育思维、生成思想，同时学会写文章。

吴泓的经验是宝贵的，值得老师们参考。这是他早几年的试验，基本抛开教材，另立炉灶，重组一套教学体系。这种"体制外"的大胆实验在当时是颇具革命性的，一般学校和老师恐怕很难模仿，只能敬而远之。但是现在情况不一样，课程改革在整体推进，新的高中语文课程标准颁布两年了，又有了统编的语文教材，基本的教学目标、标准、课程内容和教学方式都很明确了，我们要的就是执行落实，没有必要再完全抛开教材来重组教学。吴泓的经验值得参考，但不能简单地复制或者照搬，必须结合现下课程改革的要求和自己的学情。

吴泓这本书和刚投入使用的高中语文统编教材有些呼应，这也是我的兴趣所在。我一边读吴泓的书，一边想到语文统编教材使用中可能碰到的困难和问题。新教材采用的是"学习任务群"的单元结构，课文的组合主要是根据任务群的要求，打破了文体界限，甚至古今中外汇聚一处。单元不安排练习思考题，但是有若干项"学习任务"。这些学习任务其实就是一些"专题"。到高二，单元组合更加明确采用"专题研习"。此外，还有"整本书阅读"的单元，以及"当代文化参与""跨媒介阅读与交流""语言积累梳理与探究"等，这些单元所设计的课型，其实也都可以采用"专题学习"的课型。新教材以"学习任务群"为主的课型设计，旨在提倡自主、合作、探究性学习，改变教师大量讲解分析加上学生反复操练的教学模式，强化语文教学在语言、知识、技能和情感思想、文化修养等多方面、多层次的综合效果。以任务群为主的教学，目标更加集中明确，能保证满足语文素养提升的基本要求，克服语文教学长期存在的随意性和模糊性。任务群教学的阅读范围拓展了，丰富了，在许多情况下指向仿真生活语境的复杂阅读。这显然是一种进步，或者说是一种理想。但对多数老师来说，这种新的教学方式，要求高了，是个挑战。

老师们对新教材的使用感到有些陌生，有些困扰，并不要紧。"学习任务群"的单元教学以及"专题学习""整本书阅读"等课型是新事物，但也并非"从天而降"。古人学语文，不也是一本一本书阅读？小学和初中阶段，大家不也曾整本整本地读过许多书？十多年前开始的"综合性学习"单元，不也是类似"专题学习"？新课标和统编教材提倡的"学习任务群"教学，是新课型，但也并非完全颠覆过去。现在的改革是从以往的教学走过来的，前前后后总是有密切的联系，并非从头做起。我主张还是要"守正创新"，心态平和，稳步改进。无论怎么改，还是以课堂教学为主，还是要教听说读写，以前我们熟悉的教学经验经过调整和改革，也还派得上用场。新教材按照任务群来建构单元，是全面考虑的，教学中应当全面落实，但也可以有些灵活性。因为学校不同，班级的学情不一样，可以有一些微调，不一定死抠学分。比如，你们班上学生审美能力普遍差一些，那么文学类的单元可以在课时安排上加强一些。如果思辨能力普遍偏弱，则可以加强一些思辨类的单元教学。

倘若前些年观摩吴泓的教学，琢磨他所提供的"专题学习"与"整本书阅读"的经验，可能会有一些疑惑和担心。比如，"专题学习"与"整本书阅读"的容量比一般的单篇授课要大得多，而语文课时间有限，如何安排得了？群文学习和单篇教学是什么关系？还要不要精读？特别是文言文和一些重头课文，如果不细讲精讲，反复诵读，怎么会"放心"？安排学生去研习那些比较学术性的难题，布置他们读那么多"挑战性"文章，会不会弄得天花乱坠，没有干货？这些改革措施是否真的能和新高考挂钩？等等。这些担心，都是很实际的。现在实施新课标、使用新教材，也可能会碰到这些问题。但我相信，只要转变教学理念，又实事求是，基本上按照新教材的体例和建议来组织安排教学，上述问题也都可以在实践中去探索和解决。

去年11月教育部组织新教材的培训，我有一个发言，其中也谈到新教材使用可能碰到的一些问题，顺便在这里提一提。也算是阅读吴泓的书的一些感言。我认为使用新教材，推进课程改革，步子还是要稳一点，分步实施，不搞颠覆，不搞"一刀切"。统编教材有许多新变化，最大的特色就是"读书为要"。"任务群"也好，"专题学习"也好，"整本书阅读"也好，都是要让学生有兴趣去拓展阅读，活跃思维。新教材是"专治"读书少的毛病的，这是从"根"上改。且不说立德树人等大目标的要求，就是面对新的高考，也必须改革，必须拓展阅读。要看到，这几年高考命题所依赖的材料的范围拓宽了，阅读量和检索、分析、综合的能力要求也高了，光是反复刷题，不读书、读书少，就很难适应高考改革。

我还特别谈到新教材"课"的概念的变化。一个单元可能分两三课，有的还是单篇课文成一"课"，但更多的是多篇课文为一"课"。"课"的组成形式根据教学目标的需要，有很多是导向专题性的"群文学习"的，但并不意味着"群文学习"就比单篇教学更"高级"，也不是一律用"群文教学"来取代单篇教学。在新教材中，单篇教学和"群文教学"是并存的。单篇的教学，要讲究精深，过去有些深入探究、精细阅读的办法，在许多情况下仍然用得上。比如古诗文，还有一些内涵丰富的文学作品，还是要有单篇讲授，精细阅读，深入探究。不过做完这些功夫，应当注意举一反三，往外拓展。这就可以往专题性的群文阅读上做了。专题学习往往先有问题设定，在引导学生带着问题去阅读探究时，注意防止只围绕解决预设的问题而读书，防止把经典作品简单地作为解说问题的"支架"，那样可能会"窄化"对作品丰富涵义的理解，就可惜了。

　　我对如何实施"整本书阅读"教学也有一些建言。认为"整本书阅读"要通过读某一本书，学会读某一类书的方法。重要的是静下心来读，感受读书之美，涵养性情，养成好读书的习惯，"读书养性"。要通过完整地读书，尽可能克服网络时代带来的思维碎片化、平面化的弊病。"整本书阅读"是很特别的课型，课内讲得少，主要是课外阅读，相对自由的个性化阅读。倘若"课程化"太明显，要求太多，干预太多，学生的兴趣就会大打折扣。而处处指向写作，时时和考试挂钩的要求，那就更煞风景，败坏兴味了。总之，使用统编教材，探索"专题学习"与"整本书阅读"的门径，还需要在实践中不断探索，总结经验，实事求是，别走极端，不搞表面文章。

　　吴泓的实验和语文统编教材的改革是相通的，他的经验难能可贵。读他的书很有获益，也让我颇有些感触。我乐意将这本书推荐给大家。

温儒敏

2020 年 3 月 4 日

目　录

走在"精神和言语共生"的路上

——高中语文教学的困境与专题教学的突围

2000 年前后的一场语文教育大讨论，在引起全社会普遍关注的同时，也引发中小学语文界广泛而深入的思考。一边是专家、学者面对语文教学"少慢差费"的现状，提出"误尽苍生"的质疑，和对语文学科性质的不断叩问；一边是一线语文教师面对市场经济、时代大潮强烈冲击，自己辛辛苦苦教学，语文学科却很难吸引学生，教学效果远远不尽如人意的无法释怀。

事实上，不少地方的高中语文教师都能观察和感受到：学生整体阅读量少，阅读面窄；思维缺乏深度和广度；写作内容肤浅、空洞，字里行间充斥着或风花雪月般的柔弱无物，或新新人类样的无病呻吟，有的甚至还会大篇幅地以方言俚语入文……而评卷时也可以看到：学生"阅读理解"答题不得要领，答案似是而非；作文表达东拼西凑，逻辑混乱等。一句话，脑袋空空，精神贫瘠，思维钝化，语言干瘪。而这样的现实让人不得不冷静思考：问题究竟出在哪里呢？

是以文体形式为单元编排的教材的容量不足？还是教材本身就缺少内容，尤其是缺少有深度、有吸引力的内容？是教学过于追求科学化，强调工具性，只注重了形式、技巧的学习而忽略了思想、精神的培育？还是量少、度浅、质薄几项叠加，再加上考查逐渐舍弃内容而增加形式、技巧，最终让学生对这门学科不感兴趣，让学习变得越来越索然寡味了呢？既然以形式、技巧为主的教学"此路不通"，可否就另辟蹊径，如从"铸就思想、构筑精神"出发，以教学内容的角度切入，让学生在学习过程中达到"精神和言语共生"的佳境呢？

基于对上述现象的思考，我们需要解决的问题是：首先，从"学"的层面，主要解决高中生阅读量少，阅读面窄，思想缺乏深度和广度，写作内容肤浅、空洞，思维逻辑混乱等问题；其次，从"教"的层面，着力解决高中语文长期以来存在的教材单篇、单元容量不足，效率低下，读写分离，评价标准及要求过低等问题。

教学的困境呼唤和期待着教学的改革与突破。于是，从 2000 年 11 月起，经过反复地思考、琢磨，我们开启了"高中语文专题学习"这项实验（以下简称"专题学习"）。从 2003 年 9 月至今，前后依托两个网络平台，针对高中语文教学长期以来效率低下、学生语文学习热情或动力不足这一难题，我们决心要探个"究竟"，或者说要找到一条"出路"，闯出一条"新路"。

下面，我就从探路与尝试、扩容与创新、梳理与提升三个阶段，说说我们的高中语文专题教学的课题实验。

一、第一阶段（2001—2003 年）：探路与尝试

从 2001 年 2 月到 2002 年 7 月，我们采用整本书或组合几本书的形式，一共尝试拟定了 4 个专题学习或整本书阅读的课程（见图 1）：

第 1 个是"百年寻梦——读蒋廷黻《中国近代史》"；第 2 个是"走进鲁迅世界——读《呐喊》《彷徨》"；第 3 个是"生于忧患——解读苏轼"（用巴蜀书社的《苏轼诗文词选译》和林语堂的《苏东坡传》）；第 4 个是"科学的巨擘，人类的良知——爱因斯坦"（用 A. 弗尔辛的《爱因斯坦传》）。

图1　4个专题学习或整本书阅读学生习作集

　　小步子地尝试进行4个专题学习或整本书阅读我们发现：摈弃了以往以形式为主的、过于倚重技巧的、僵硬的语文教学，进入完全不同于常规的语文学习，学生尤其是对未知世界怀着好奇与期盼的青年学生，当他们的大脑里装进自己阅读得来的丰厚内容，其思想逐渐萌芽，拔节生长，日渐坚实，自然就产生了独立的见解，产生了与人交流碰撞的强烈欲望。这时，他们的言语形式逐渐服务与服从于他们的思想表达。而再通过多次深入地阅读与探究的提升，那些平时对他们大脑只起到零星、微弱刺激作用的教科书及其所引发的对语文学习兴趣不浓的情况便一扫而空。丰富而深刻的内容，形成强大磁场，深深地吸引了高中阶段的青年学生，给他们打开了一个崭新的天地，使得"精神和言语共生"这一课题初步获得意想不到的良好效果。

这一阶段艰辛探路，跋山涉水，留下的烙印是：2003 年 3 月，广东教育出版社出版《精神和言语共生——高中语文"专题研究性学习"》一书，共17 万字。

二、第二阶段（2003—2010 年）：扩容与创新

1. 研发系列课程，确立课题核心价值走向

应该正视的现实是，看似有三年的高中语文学习，如果打算进行专题学习或整本书阅读，实际上也只有两年时间。而这两年，对当时的家长、学校以及社会的容忍度而言，已经是难能可贵的事情。余下一年，再把语文专题教学过程中学生所获得的素养、方法与技能，巧妙地转换或迁移到高考复习中去，也不失为一件锦上添花的好事。为此，在高一、高二这不短不长的两年时间里，怎样规划、布局，如何研发并确定具有整体性、可选择性的系列课程，就成了首先需要解决的问题。

从第一阶段最初选择 6 本书，使用实体书进行的 4 个专题学习，进入到第二阶段选择 20 多本书，依托网络平台组织进行的 20 多个专题学习，前后十年左右时间。经过反复的教学实践，我们在学习方法或策略上不断做出调整，在学习内容或材料上不断进行比较、甄别、增删、筛选和确认，基本确定为选择 20 多本书开展的 28 个专题学习或整本书阅读的语文系列课程（见表 1）。

表1 28 个专题学习或整本书阅读的语文系列课程

课程分组	课程名称及部分书目（★为必修课程）
第一组	1. 寻找中国人的精神原乡：读《诗经》★ 2. 路曼曼其修远兮，吾将上下而求索：读《楚辞》 3. 寂寞圣哲，非常师生：读《论语》（整本书）★ 4. 史家之绝唱，无韵之离骚：读司马迁 5. 归去来兮：读陶渊明 6. 李杜文章在，光焰万丈长：读李白或杜甫★ 7. 一片江山尽姓韩：读韩愈 8. 改变中国文学中人生观走向的人：读苏轼★ 9. 一民之生重天下：读王安石★ 10. 传神文笔足千秋：读《红楼梦》（整本书）★
第二组	1. 百年寻梦：读蒋廷黻《中国近代史》（整本书） 2. 走进鲁迅世界：读《呐喊》《彷徨》★ 3. 当年海上惊雷雨：读《雷雨》（整本书）★ 4. 星斗其文赤子心：读《边城》（整本书） 5. 生命是一袭华美的袍：读张爱玲 6. 何人绘得萧红影：读萧红 7. 中国当代诗歌（1979 年至 2009 年）★ 8. 吾乡吾土，吾国吾民：读费孝通《乡土中国》（整本书）★
第三组	1. 文艺复兴时期伟大的戏剧家：读莎士比亚★ 2. 人类苦难的"百科全书"：读雨果 3. 为人类的苦难而忧伤：读托尔斯泰 4. 人生来就不是为了被打败的：读海明威《老人与海》（整本书） 5. 一部女性的心灵史：读伍尔芙《到灯塔去》（整本书）★ 6. 置身于阳光与苦难之间：读加缪《鼠疫》（整本书） 7. 魔幻与现实的世纪孤独：读马尔克斯《百年孤独》（整本书） 8. 揭示人类现实生活中的困境：读卡夫卡
第四组	1. 张艺谋电影 2. 侯孝贤电影

从第一至三组的系列课程，可以看出我们所遵循的原则：统计或参考先

前高中语文不同版本教科书，从中国古典文学、现当代文学和外国文学中选入经典篇目（含单篇或节选）。从这些单篇或节选篇目中扩大至"整本书"及这类书，再聚焦为专题；从文学阅读延伸至哲学、历史等阅读，打通"文史哲政经"传统学科分类的藩篱。这样，高中语文专题教学的系列内容，就能够以继承和弘扬本民族优秀文化为主线，以了解和借鉴他民族（含不同国家）进步文化为副线，先"主"后"副"，古今中外循序渐进或交叉进行，在汲取自身源泉的同时又感受和理解其他文化精华。下面，以统计或参考六种版本教科书入选或节选的鲁迅小说（见表2）来确定"走进鲁迅世界"专题为例进行说明。

表2　六种版本教科书入选或节选的鲁迅小说 [①]

版本	选本	册、单元（专题）	课文
人教版	必修	第三册　第一单元	《祝福》
		第五册　第一单元	《药》
	选修	《中国小说欣赏》	
北师版	必修	第四册　第三单元"熟识的陌生人"	《祝福》
	选修	《20世纪中国短篇小说》	《铸剑》
鲁人版	必修	第三册　第三单元"洞察世事沧桑"	《祝福》
	选修	《中国现当代小说选读》第二单元"思想之光"	《狂人日记》
语文版	必修	第一册　第三单元"成长如蜕"	《铸剑》
	选修		
苏教版	必修	第二册　第四专题——"永远新的旧故事"	《祝福》
	选修	《鲁迅作品选读》阅读鲁迅——"人·鬼·神"	《铸剑》
粤教版	必修	第三册　第三单元　小说（一）	《药》

① 王慧.新课标高中语文教材对鲁迅小说的选录与解读研究［J］.安徽文学，2011（4）.

续表

版本	选本	册、单元（专题）	课文
		第四册 第三单元 小说（二）	《阿Q正传》（节选）
	选修	《短篇小说欣赏》第二单元"中国现当代短篇小说"	《狂人日记》

参考上述六种版本教科书入选或节选的鲁迅小说，确定"走进鲁迅世界"专题学习选入《呐喊》《彷徨》的基本篇目是：精读《狂人日记》《药》《阿Q正传》《祝福》《在酒楼上》《伤逝》《示众》；浏览《孔乙己》《故乡》《肥皂》《孤独者》《高老夫子》《离婚》；延伸阅读鲁迅的《呐喊》自序、许寿裳的《鲁迅先生年谱》等。

第四组电影专题最初只针对传媒班学生，之后纳入前三组课程（含诗歌、小说、戏剧、散文等），成为另一种形式的延伸。因为一部经典电影，不仅是一组光影的镜像，也是一组丰富的文本。更何况，无数的导演都有可能将一部部经典作品或一个个历史人物一次又一次地搬上银幕。如鲁迅小说，将其搬上银幕的就有《药》《阿Q正传》《祝福》《伤逝》等。

研发并确定好专题教学的系列课程后，接下来要解决的第二个问题是：确立统摄系列课程全局的核心价值观。

实事求是地说，在任何时代，课程的价值取向都有着"社会本位"和"个人本位"的争论。纵观古今中外教育史，在很多时候，这两种课程观往往是以前者（社会）为主、为重，后者（个人）是为前者服务或是前者的工具。时代发展到今天，物质高度繁荣，科技飞速进步，中华民族各个方面也早已融入世界发展大潮，而我们仍要思考和追问的是：在"社会"与"个人"之间，可否找到一种相互制约的平衡与和谐呢？

或许，正是这样持续的追问与不懈的实践，让人感悟到：专题教学的系列课程，应既符合受教育者的主观诉求，如个人的发展、个性的张扬等，使其身心、潜能等都获得充分地发挥与发展，又配合社会的进步、国家的发展等客观需要，使受教育者学到公共道德和生活技能。换言之，"课程知识不仅是用于'储备'以备未来之用的，而且也是用来改变学习者的当下人生状况的"①。为此，在反复思考和不断实践之后，我们便确立了"中华血脉，现代意识；全球视野，人类立场；热爱生活，谦逊坚毅"，这既回望"历史"又关切"今天"和"未来"、既立足于"社群"又兼顾到"个体"的课程核心价值观。

这一核心价值观，沿着"我（们）是谁？我（们）从哪里来？我（们）要到哪里去？我（们）要成为怎样一个人或成为怎样一类族群？我（们）要过一种怎样完美的生活？"这样一条路径。即以本民族为出发点，从本民族的文化、精神、思想、情感走向他民族的文化、精神、思想、情感，使之互为参照、比较、借鉴和融合。最后归结到一个具体的、活生生的"人"的生活、情感、精神、思想和文化。一如鲁迅说"第一，便是生活。人必生活着，爱才有所附丽"②。我们也可以说，因为有"我"，才有"我们"；因为有"'我'的生活"，才有"'我们'的生活和未来"。

2. 利用网络创建平台，改换教学场域，促进学生积极主动学习

毋庸置疑，现代社会飞速发展，要求培养学生的探究意识，发现和研究问题的能力，思考技能和解决问题的能力（有人概括为"研究技能"），语言运用和学术写作的能力，以及在网络环境下对学习内容、学习时间、学习行为等的管理能力。而学习场域的变化，对学生的自我管理能力提出了更高要求。首先是对学习内容的"管理"，即在网络上对信息的检索、提取、筛选、梳理、整合等能力；其次是对学习时间的"管理"，即在网络上合理安排、分配、使用时间等能力；再次是对学习行为的"管理"，即在网络上对自我行为做到管控，做到长时间关注某一事物、事件、事实等能力。一句话，网络环境下的语文学习，应做到对学生能力、人格等素养（含"信息素养"）的全程培育。

2003年9月参与中央电化教育馆批准立项的子课题实验后，我们开始创

---

① 石中英.教育哲学导论［M］.北京：北京师范大学出版社，2004：146.
② 鲁迅.鲁迅经典全集·小说集［M］.北京：北京理工大学出版社，2016：258.

建"家园"专题学习网站（见图2）。至2007年9月，再依托新浪网，又创
建"吴泓工作室"新浪博客（见图3）。由此，全面完成学生学习、教师教研
网络平台的创建工作。

图2　"家园"专题学习网站

图3　"吴泓工作室"新浪博客

创建好网络平台，并不等于就能应用好网络平台。我们还需要根据学生对语文专题教学的认知规律，确定出由"一导四段"（"一导"即导读。"四段"即泛读、精读；研读、再读；定向、拟题和写作；延伸内化，深度体验）构成的学习过程。再根据学情变化设计出不同的学习课型，做到线上线下，教师都能够"随学而教""因人而授"，学生都能够自主学习、自我探究和自由表达。如设置专项知识（阅读或写作）指导课，具体内容（原作、文本、问题或话题）研究课（讨论课），学习成果展示课，辩论课（赛）或朗诵课（会）等四种课型。

这样的实践探索，打破了小课堂、小技巧藩篱，进入到大容量、大视野、大深度的语文学习，让学生产生了与同龄人大不一样的强磁振荡，他们的思维磁场被彻底激活，阅读动力被极大激发。"精神"即思想，在这里萌发壮大；"言语"即表达，在这里同频共振；二者在这里"共生"，在这里蓬勃涌动、快速攀升。"精神和言语共生"浩浩荡荡，一泻千里，势不可挡。而这样的学习所呼唤的路径，又再次被现实、被一般高中学校普通学生的阅读实践反复证明：必须而且应该将阅读的内容选择放到第一位，技巧的学习模仿从属于第二位。一旦解决了学生想读、爱读的要害问题，他们完全能够升堂入室，体味到主动学习、合作探究，成功获取知识、提升能力，使思想飞速生长的快乐。应该说，这是当今教学内容供给侧改革的预热，其效果出人意料又在语文教学发展的规律之中。

这一阶段，我们完成的专题学习或整本书阅读与互联网深度融合的课改实验及研究成果，在国内处于领先地位，引起了社会广泛关注。而这样一种全新的语文学习，在一段时间自然会引来家长和学校的担心：学生的高考成绩到底会怎样？

在学校的成绩管理档案，可以看到参与专题教学实验的四届学生的语文高考成绩：

2000级学生58人。2003年高考，1人获880分全区第一名的好成绩，获700分以上3人，600分以上14人，500分以上27人，400分以上13人。2003级学生55人。2006年高考，获700分以上1人，600分以上20人，500

分以上 20 人，400 分以上 14 人。①

2005 级学生 49 人。2008 年高考，获 120 分以上 3 人，110 分以上 13 人，100 分以上 26 人，90 分以上 7 人；平均分为 106.60 分。2008 级学生 53 人。2011 年高考，获 130 分以上 2 人，120 分以上 15 人，110 分以上 29 人，100 分以上 7 人；平均分为 116 分。②

这一阶段的主要收获：第一，2006 年 9 月，承担由中央电化教育馆组织的全国教育科学"十五"规划教育部重点课题"基于现代信息技术环境下学与教的理论与实践研究"子课题"家园——高中语文专题研究性学习网站建设及应用"，通过专家鉴定，获结题证书。第二，2007 年 8 月，深圳海天出版社出版《精神和言语共生（Ⅱ）——网络环境下的高中语文专题研究性学习》一书，共 28 万字。

三、第三阶段（2011—2020 年）：梳理与提升

1. 研究、辨析学习方法或活动的具体指向，让学生掌握"治学的方法或门径"

随着专题教学实验的影响不断扩大和实践的深入开展，我们需要进一步探寻高中语文学习不同于初中语文的方法、活动或策略，在解决教师"教"的困境和学生"学"的乏力上有所突破。

2011 年 9 月至 2018 年 3 月，首先，通过对四届学生线上线下学习的细致观察和深入研究，我们发现并厘清了在学习过程中"梳理"方法或活动的具体指向。它们是分类（含"多级分类"）、统计、排序或列表（含"思维导图"）等，以及这些"梳理"方法或活动，与观察、审视、聚焦、放大、比较、辨别、假设、想象、预测、联想、质疑、推理、判断、确认等"探究"方法或活动的逻辑关系。这样，使语文专题学习进入让教师"教"有"抓

---

① 这两届学生语文高考成绩均按广东省实行的标准分计算，平均分名列区二类学校的前三名。
② 这两届学生语文高考成绩均按广东省实行的原始分计算，不但实现了 90 分以下低分段为零、120 分以上高分段比例大幅提高的目标，而且平均分名列区二类学校的第一名。

手"、学生"学"有门径的阶段。学生运用这些方法、活动或策略进行自主学习、自我探究，切实、有效地掌握好了"学习"这枚"金针"，做了高中生在课堂上所应该做的事。这对提高专题学习或整本书阅读的能力水平，激发学生持续学习语文的热情或动力，起到了极大的推动作用。

其次，我们重点探索和研究专题学习或整本书阅读的终结"出口"，即论文写作和语言表达，以及对论文写作和语言表达的评价尺度和评估方法。让学生将之前学到的"梳理与探究"方法或策略运用到"表达与交流"中去，能够运用复述、转述、描述、概述、举例、解释、说明、论证、阐析、归纳、概括、评价、推断、结构、赋形等方法进行写作。能够从语言运用、思维方法、文章形式、论证逻辑等方面做自我评价。最终，使高中语文专题学习或整本书阅读能够全面地、整体地形成一个"谁来学""学什么""怎么学""学到什么程度"，以"人"为本、为核心、为出发点，从课程到过程，过程到方法或策略，再到评价的完整的"环形结构"（见图4）。真正实现学生的自主学习、自我探究和自由表达，以及语文教学与互联网的深度融合。

图 4　专题教学的环形结构

2. 专题教学项目的溢出效应：参与统编高中语文教材编写并指导试教，培养青年教师适应新时代高中语文教学发展

2016 年 8 月至 2017 年 7 月，我们参与了统编高中语文教材的编写，具体

承担了"整本书阅读"单元《红楼梦》的编写任务。

2018年3月，受人民教育出版社委托，高一年级备课组在学校（集团）领导的大力支持下，启动了为期两个月的高中语文新教材"整本书阅读"单元的试教活动。试教内容包括新教材必修1至必修4初步拟定的《杜甫传》《小词大雅》《堂吉诃德》《红楼梦》《乡土中国》等人物传记、中外文学名著和学术著作。

经过两个月的艰辛努力和执着探索，试教团队集全体的力量和智慧，通过问卷调查及时了解学生学习现状和需求，深入钻研选入书籍，精心设计教学过程，反复琢磨，大胆实践。2018年5月，人民教育出版社专家王本华主任、博士后陈光老师来校进行指导，给予高度评价：打响了全国高中语文新教材"整本书阅读"单元试教活动的第一炮，为其他试教学校提供了借鉴参考。

试教后老师们深切感受到，在高中阶段开展整本书阅读教学不仅有着现实的可行性而且大有可为。这里选录两则：

> 在试教《红楼梦》的活动中，我一直思考如何体现"整本书阅读"之"整"：一是阅读视野应基于整本书，如人物描写欣赏应基于对人物整个生命历程和复杂人物关系的梳理；二是活动设计应牵动整本书阅读，如环境描写欣赏应该带动对贾府、大观园各个厅堂楼阁的建筑风格及其居住者生命存在方式的描写的欣赏；三是学生的探究研讨应基于整本书，如探究宝玉之"情"，应将宝玉对人、对物等言行举止同贾珍、贾琏等人进行比较阅读，探究其情感特质。
>
> （教师：张安群）
>
> 不要限制学生的思维，不要忽视学生的创造力，牢记学生是阅读的主体，导之以"趣"，授之以"渔"，让学生把读书变成一种渴望。（教师：南银妮）

这之后，试教老师有多篇教学设计及反思论文在国内期刊上发表并获转载，整本书阅读经验总结不断受到国内专家、同行的关注。而这样几轮的实践活动进行下来，我们更加明确：专题学习这一概念理应居于整本书阅读之上。专题学习是围绕着"某一个"专题，选择一本书或者几本书中的几组文章，以及选择这本书或者这几本书的几组文章之外的观点不同的各类文本来开展阅读、梳理、探究等。如此，才能够让学生生成自己的思考、思想，最终做到"精神和言语共生"。

这一阶段部分有意义的标志：第一，2012年1月，个人被评为2011年度《中国教育报》"推动读书十大人物"。第二，2012年11月，北京师范大学出版社出版《成长足迹：我们也会思考啦》一书，共20万字；2015年12月，北京师范大学出版社出版《专题百问：教学实施中的行与思》一书，共26万字；2017年5月，北京师范大学出版社出版《兴观群怨亲风雅：〈诗经〉专题》一书，共28万字。

四、结语

从"单篇教学"到"单元教学"，从"专题学习"再到"网络环境下的专题学习"，从一学期一本语文教科书到向教科书之外拓展、延伸，再到突破"一本书主义"，与图书、影视、音乐、互联网等各种学习资源纵横勾连，高中语文走出了集沉浸式、活动式、连接式（开放式）为一体，传统与现代交融的教学之路。

从初为人师无可避免成为知识或智慧的拥有者，到今天资讯发达、互联网功能强大，知识或智慧拥有者的资格及身份不再，和学生一起成为学习的主人，从最初只知道语文的"工具性"，到知道语文是"工具性"与"人文性"的统一，再到今天终于明白：语文即语言，语言即思想，高中语文学习就应该是以"完整经典、专题研究、读写一体"为特征，让学生"精神和言语共生"的一系列动态的语文专题实践活动熔铸成的语文课程。

专题教学不寻常，廿年探路实艰辛。

什么年龄读什么书，什么学段做什么事

——为什么高中生要做专题学习或整本书阅读

在高中任教，一位只要教过 5 年书的语文教师，就一定会觉察到这样一种现象：学生在刚上高一年级的时候，对语文学科的学习充满着期待；慢慢地，进入高一年级下学期，之后再转入高二年级，学生语文学习的热情或动力便逐减；到了高三年级，如果不是高考的必考科目，语文恐怕就只能落到各个学科中最没地位的"那一个"了。

撇开一些优秀语文教师出色的教学个例不论，为什么到了高中阶段，学生语文学习的热情或动力会不足呢？母语学习不是我们很熟悉、很简单的事情吗？通过专题教学的不断实践与反思，我认为，有四个很重要、很关键的问题——"谁来学""学什么""怎么学""学到什么程度"——是需要我们重新思考、认真研究并着重去解决的。下面，我就分别对这四个问题逐一进行思考和论述。

一、"谁来学"的问题

教育专家劳凯声说过这样一句话：

教育学就是研究人的发展，如果不能把对人的关注放到研究的中心地位，这项研究无论如何也不可能是一项好的研究。①

仿照这句话，我们是否可以这样说：语文教育的核心任务就是语言教育，而语言教育就是要研究人的语言、思维的发展、变化。如果不能把人的语言、思维的发展、变化放置到研究的中心地位，不能深入、细致地研究人在不同学段其语言、思维发展、变化的需求，不能按照母语的学习规律对语文学习的课程提出具体的需要或要求，那么，这样的语文教育研究，无论如何都不能说是一项好的研究。

为什么高中生的语言、思维的发展、变化，可以成为我们研究其需要或要求的重要参照或者问题呢？因为与其精神成长和学业表现两方面相比较，精神成长是隐性的，不易被觉察的；学业表现是需要较长时间来实践和印证的；而语言、思维的发展、变化则不同，它直接呈现出来，在第一时间里就能够让我们觉察得到。

那么，高中学段的学生，其语言和思维都有哪些发展和变化呢？

高中语文专题教学已历时 20 年。通过观察八届学生从高一年级到高二、高三年级的阅读、思考和表达，我们发现：在高中阶段，学生的语言、思维的发展、变化是沿着这样一条曲线上升、发展的——由"感悟"上升到"思辨"，由"思辨"再上升到"研究"。

根据长期的观察与研究，学生在进入初中的高年级学段，即初三年级学段，其语言、思维所表现出来的特征或状态主要还是感悟性的。而思辨性的语言、思维的特征或状态在这一时期会初露端倪，并且表现出较为强劲的发展势头。他们能够用一些抽象的、合乎形式逻辑的方式进行思维，但其思辨性思维或批判性思维的能力还很不成熟，呈现出的思维过程或结果经常会表现出片面性、极端性的一面。学生升入高一年级后，则呈现出"感悟"与"思辨"交叉并行的语言、思维发展趋势。这时，教师如果还不对学生进行思辨性思维或批判性思维、抽象逻辑思维，特别是理论型抽象逻辑思维的培育，

---

① 劳凯声.中国教育学研究的问题转向［A］.全国教育科学规划领导小组办公室.教育科研大家谈［C］.北京：教育科学出版社，2007：34.

那么，学生在初中学段的语言、思维的特征或状态就会延续到高二、高三年级，甚至高中毕业以后。如在很多高中生的习作里，那些不讲逻辑、"缺钙软骨"，只求辞藻华丽，没有思想灵魂的"美文"就是明证。

那么，高中语文教师对学生高中三年的语言、思维的培育，又该如何做到心中有数和统筹安排呢？

首先，在高一年级做第一个专题学习或进行第一本书阅读时，要有意识地强化学生这两方面能力的训练或培育，即让学生感悟性语言、思维的发展走向稳定。如做《诗经》《边城》《论语》等专题学习或整本书阅读，要在中间穿插让学生写一些叙事文或想象文。也就是说，让他们在阅读这些优秀文学作品时，先入乎其内，再出乎其外，继续增强他们感受与理解、联想与想象的形象思维能力。然后，从"感悟"过渡、上升和发展到"思辨"，让学生思辨性语言、思维的发展逐步走上轨道，进而走向成熟。换言之，就是让学生在表达与交流时，能够逐步做到观点明确、语言准确、思维缜密、思想深刻或独到，在语言和思维两方面都得到发展和提高。其次，在之后的各个专题学习或整本书阅读过程中，要沿着这条上升曲线，有计划、有步骤、有反思、有回顾，一步一个脚印引导学生学习那些研究者、创造者所必备的发现问题、提出问题、分析问题和解决问题的各项能力，最终让学生掌握或具备"研究"这样一种具有综合性的能力和素养，为他们将来升入高等院校或走向社会后的可持续发展做好准备。

这些年来，从学生毕业后反馈的信息看，学生完全可以达到所预设的"研究"这样一种具有综合性的能力和素养。如2010年9月，我意外收到一位2005届毕业生的来信。信中这样写道：

大学四年，我做了几件颇成功的事情，都是靠着那两年在您专题学习中练下的本事。一件是知识产权案例分析和探讨课，老师对我所做的专题给予了较高的评价。一件是经济法课，我运用法理学知识结合经典历史事件剖析了经济法存在的意义，并给老师和同学做了一次专题介绍，老师的评价是观点深入人心，很独到。最后一件是我的本科论文取得了非常好的成绩，答辩老师给予的评价是逻辑清晰，选题非常新颖、独特，是一篇很难得的本科论文。

这封来信告诉我们：高等院校任何一个专业的学生都必须具备自主学习、自主研究这样一种语文学习能力。作为一名大学生，你不能发现问题就不能提出问题，不能提出问题就不能研究问题，不能研究问题就不能解决问题。

又如 2014 年 6 月，我收到一位 2011 届毕业生家长的短信。短信里这样说道：

> 莫泊因常说自己幸运，高中时是吴老师让他有了阅读的兴趣，学会了思考与写作的方法。他说在大学里用您教会的方法完成老师要求写作的文章一点问题都没有。这学期，莫泊因参加由日本国际交流研究所和中国国际人才协会举办的全国高校中日友好论文比赛，获二等奖（全国 108 所高校 3408 篇作品参赛，仅 75 篇入围）。吴老师，感谢您对学生的正确引导与教导。

可见，学生在大学里的出色表现，主要源于高中阶段养成的这种高层次的语言、思维能力。高中阶段是学生语言、思维快速发展的最后一个高峰期，如果错过了专题学习或整本书阅读这样的训练和培育，没有打下"学会研究"的牢固基础，学生的语言、思维就很难再有更高层次的发展。我们常说要关注高中生语文学习的状态，那么最需要关注的状态是什么？我认为，就是学生在这一阶段语言、思维的发展和变化。

二、"学什么"的问题

对于高中语文"学什么"的问题，人们又常常把它分为两个子问题：一是语文到底是学语言、形式为主，还是学思想、内容为主；二是在高中学段，语文专题学习或整本书阅读的容量到底以多少为合适。

先说第一个子问题。

有人从教师"教"的向度出发，认为语文既是教语言、形式，也是教思想、内容，但应该以教语言、形式为主。对应学生"学"的向度，就是语文既要学语言、形式，也要学思想、内容，但应该以学语言、形式为主。然而，从语文专题学习或整本书阅读的实践得出的结论却不是这样。简而言之，在高中学段，语文专题学习或整本书阅读主要以思想、内容为主。

首先，我们认为，在现在的高中课堂上，学生之所以会对语文无动于衷甚至嗤之以鼻，一个主要的原因就是我们语文学习的内容没有吸引力。

从常识上讲，人们之所以爱上阅读，是因为阅读对象的内容具有吸引力，而非阅读对象的形式。甚至在刚开始阅读的一段时间里，人们往往也是忽略形式的。所以，有些人总认为语文主要是教形式的，这种观点即便不说是错误，至少也是片面或有失偏颇，抑或是没有抓住语文的本质的。内容单薄而没有吸引力，你教形式也白费力——食材有问题，东西便不好吃，你在面上摆上花一样的装饰也没有用。而这也是学生始终"不买语文账"的真正原因。

其次，我们认为，经典的魅力或力量首先源于思想，形式是第二位的；高中学段的语文教育，就应该让学生阅读有思想的"大书经典"。

试想，人们热爱"诗仙"李白、"诗圣"杜甫，绝不是因为他们都用了古体诗的形式写下了杰出的诗篇，而是因为他们的诗歌思想深邃、辽阔，内容独步千古，光照后人。反观汉赋，现存的两百多篇作品，尽管形式恢宏、语言华丽，但除了"四杰"（司马相如、扬雄、班固、张衡），我们还知道其他的作者是谁？而高中语文教育之所以要让学生阅读经典，学者杨义就说得非常好。他说："少年多读名篇，青年读大书经典，中年多读专业书，晚年读点杂书。少年记忆力好，对历代名篇多加记诵，可以终生受益。"[①] 可你年龄、学段不分，正是读"大书经典"的青年人却偏在做少年读"名篇"的事，而"篇"与"书"的思想容量又实在是相距太远，高中学生怎么可能会买你的账？有人说国人不爱读书，为什么？就是因为他在该读"大书经典"的时候没有去读，于是就不会读。等到走出校园，走向社会，先前就没有播下读"大书"的种子，你又叫他怎么爱上读书呢？

再次，我们认为，到了高中学段，语言和形式是不用单独刻意去"教"的。

---

① 杨义．书把人与猴子分了类［J］．新湘评论，2008（4）．

　　语言不用单独刻意去"教"，语言的自我习得的特殊性，我们从很多学历不高的作家和作者的创作经历中可以看到。这里只论"形式"。

　　实践证明：学生爱上阅读内容，形式也自然于无形中被消化或接受，教师不用单独刻意去"教"。写出《狂人日记》体、《故乡》体、《阿Q正传》体、《伤逝》体的鲁迅，应该是没有语文老师向他传授什么"形式"之类知识的吧。鲁迅的这些"形式"是怎么学来的？鲁迅在《不应该那么写》这篇不足千字的短文中首先讲了"小说作法"之类的书都是"骗子"。接着他说："凡是已有定评的大作家，他的作品，全部就说明着'应该怎样写'。只是读者很不容易看出，也就不能领悟。"① 他还引用《果戈理研究》第六章里的话："应该这么写，必须从大作家们的完成了的作品去领会。那么，不应该那么写这一面，恐怕最好是从那同一作品的未定稿本去学习了。"② 鲁迅的写作经验告诉我们：并非教师用了作家或学者的一两篇文章来讲解"怎样谋篇、怎么布局"，学生就能够学到文章的写法，而是学生在大量阅读作家或学者的文章时，对适合自己的形式能够不断地模拟、仿照、借鉴、参考、吸纳、修改、融合、创造等，才能很好地完成自己的文章写作。而且，不是用什么形式来决定写什么内容，而是写什么内容决定采用哪种形式。每一次表达的内容各异，决定了每一次表现形式的不同。退一步说，如果一定要学习形式，那么，在小学、初中学段，学生可以重点学习文字、词语（组）和规模较小的文段、文章的形式；到了高中学段，学生则应重点学习复杂文段、文章的"样式"。也就是说，我们所说的不用单独刻意去"教"并不是完全不教，而是要把握好主次、拿捏好分寸去"教"，即让学生"从大作家们的完成了的作品"和从学者的文章里去领会，毕竟形式的分析、鉴赏以及探讨，也是培养学生思维能力的一个重要方面。

　　据此，在高中学段开展语文专题学习或整本书阅读，虽然也有基础知识的积累和基本技能的训练，但更侧重学习内容的选择、思维能力的培育、学

---

① 鲁迅.且介亭杂文二集［A］.鲁迅全集（第六卷）［M］.北京：人民文学出版社，2005：321—322.

② 同上.

习方法的指导和思想精神的生成。不过，语言、形式也好，思想、内容也罢，这些都还只是从学习的"客体"去考虑，而仍然没有关注到学习的"主体"即高中生的现实需求。

那么，高中生的现实需求是什么？他们最主要是要"学什么"呢？

我们认为，第一，得让其"会思考、有思想"；第二，得让其掌握承载自己思想的"样式"。这两条路径，第一条是前提，不可忽视、废弃或搁置，前后两条也不可倒置。因为，这两条路径"其来有自"，或者说其主要依据的是下面两句学习论断：第一句是"读书是在别人思想的帮助下，建立起自己的思想"[①]；第二句是"国文要旨，在使儿童学习普通语言文字，养成发表思想之能力，兼以启发其智德"[②]。第一句为俄国图书学家、目录学家、作家尼古拉·鲁巴金所说。要"建立起自己的思想"就得学习思想生成的方法，即学习别人的思想是通过什么样的思维方式或掌握什么样的思维工具获得的。第二句是 1912 年我国《小学校教则及课程表》对国文学习的定位。要"养成发表思想之能力"就得学习文章呈现的"样式"，即学习别人是用什么样的"容器"来承载自己思想的。可以确定地说，这两句话所提出的能力及素养的要求，才是高中语文专题学习或整本书阅读最主要、最核心的任务。

从这两条路径顺序，可以看到现在语文教育的问题所在：只重视了单篇"样式"的学习，而忽视了思想的建构与生成（就算有单元、大单元、群文的组合，其分量也远远不够）。其实，人的学习，或者说人的"知识"建构与思想生成，本来就是分类式（也称"聚类式"）、专题式的。围绕着一个专题，进行广泛而深入的学习，就会形成自己的思考、思想；而想要表达，就会去寻找一个"容器"来承载自己的思考、思想。如《诗经》以"风雅颂"及"风"诗分"十五国风"来编撰；司马迁《史记》以"本纪""表""书""世家""列传"来排序；许慎《说文》按 540 个部首分类来编写；等等。试想，没有了"知识"建构与思想生成，你往"样式"里

---

① 宋柳.语文课外阅读中类比法的运用［J］.江西教育，2017（3）.
② 课程教材研究所.20 世纪中国中小学课程标准·教学大纲汇编：语文卷［M］.北京：人民教育出版社，2001：11.

装载什么呢？这也是我们的学生即便学了"样式"，文章也写得空洞无物的主要原因吧。

接下来说第二个子问题。

对高中生而言，按文体分类，以单元形式将单篇课文编排在一起的教科书，从内容来看，其容量是不足的；从思维来看，其深度、广度、宽度和强度都是不够的。倡导高中语文专题学习或整本书阅读，就是想在高中语文教学这一领域有所创新，就是以"专题"或"整本书"的形式加大学习的容量，即内容的容量、知识的容量、技能的容量、思维的容量、思想的容量和精神的容量。如一个专题或一本书阅读，不把原著内容计算在内，仅从参考资料的阅读体量来考量，学生阅读的文字少则三五万或六七万，多则十几万、二三十万。而一个话题、议题、主题的阅读，一组单元、群文的阅读，或一个项目学习，因其容量有限，思维的深度、广度、宽度和强度不够，我们认为，并不能够很好地解决高中生在专题学习或整本书阅读过程中遇到的较为复杂的问题。而专题教学这种大容量、高强度、开放性且具有相对完整性的语文学习，就是要以其"量足"来促其"质变"，即在进行知识积累、语言学习、读写训练的同时，极大地拓展高中生的思维空间，促进他们积极地参与学习，养成他们良好的阅读习惯，激发他们持续学习的动力，最终提升他们精神生活的品质、学术专业的水平和终身学习的能力。

三、"怎么学"的问题

我们认为，在高中三年，教师应基本放弃"单向—集体式"的授课方式，学生应完全摒弃"机械—积累式"的学习方法，而应转向：让学生在泛读（浏览）、精读、比读、参读、研读等过程中，能够熟练地掌握有效的阅读方法；让学生在搜集信息、整理资料、提出问题、分析归纳、判断推理等过程中，能够很好地运用所学到的思维工具。最终，让学生在课上课下、校内校外，都愿意并且能够自己去做阅读、梳理、鉴赏、探究、表达和交流等这样的语文学习活动。可我们目前高中语文学习的状况是，在很多地方（学校），很多时候（课堂时间），仍然是只有或只重视"单向—集体式"的授课方式和"机械—积累式"的学习方法。而让学生"自己干活儿""自己去做"的学习却做得远远不够，甚至根本没有。

什么是高中生应该学到的读写方法或应该掌握的思维工具呢？在阅读、梳理、鉴赏、探究、表达和交流等语文学习活动中，它们各自又具体指向哪些"行为动作"呢？多年的实践观察和反复求证得出的答案是：阅读和梳理指向分类、统计、排序或列表等"行为动作"；鉴赏和探究指向观察、审视、聚焦、放大、比较、辨别、假设、想象、预测、联想、质疑、推理、判断、确认等"行为动作"；表达和交流指向复述、转述、描述、概述、举例、解释、说明、论证、阐析、归纳、概括、评价、推断、结构、赋形等"行为动作"。

为什么高中语文学习要重视这些读写方法或掌握这些思维工具呢？我们不妨先看看我国高等院校的专家、学者的一些说法。学者张春泉在《做学术研究先学好语文》一文中这样写道：

> 为什么语文……能成为一切学术研究的基础？其一，语文是学习知识的基本手段……没有很好的语文功底，就无法从浩如烟海的文化典籍中汲取精华，从不断爆炸的信息资源中获得新知，学术研究就会成为无源之水。其二，语文是培养人的逻辑思维的基本手段。逻辑思维是人类认知的一种高级形式，也是进行学术研究的基础。一个人没有逻辑思维，学习而来的知识就无法激活、发展直至创新，学术研究中的提出问题、收集整理、分析归纳、论证阐述等工作就无法开展……其三，语文还是提高人的表达能力的基本手段。学术研究的成果最终要表达出来，为大众所了解，才能发挥效用。要表达，就需要借助语言文字，需要讲究修辞，毕竟世界上没有赤裸裸的不需要载体的思想观点……①

可见，学术研究对学生语文能力有着极高的要求。首先你得学会"汲取

---

① 张春泉.做学术研究先学好语文［N］.人民日报，2009-12-25.

精华""获得新知",然后你得学会运用"逻辑思维"来进行"研究",最后你得通过自己的"表达能力"把成果"表达出来"。

学术研究对语文能力的要求,主要是针对那些打算在大学里继续学习或者做相关研究的学生提出的,但毋庸置疑的是,不论是谁,其未来的学习、生活中都需要具备这样的语文能力。2012 年教育部统计资料显示,我国高等教育毛入学率仅达到 30%,也就是说 70% 的高中毕业生没有机会继续在正规的大学里学习。为此,我认为,为这大多数学生未来的学习与生活着想,就更应该在基础教育这最后三年进行语文专题学习或整本书阅读。

关于"怎么学",国外高中教育对学生思维品质要求的做法也给我们以启示。美国华德福教师杰克·帕特拉什在《华德福教育的奥秘》一文中写道:

> 为了发展思维的好习惯,学校创造学习的环境以便于鼓励学生来深层次地探索所学课程,从而超越肤浅的理解。这就需要一个更精深的视野角度和内在的深层次学习……泰德·森泽(Ted Sizer),是布朗大学基础学校联盟的创建者。他强调说,尤其是在高中阶段,学生试图学习所有的课表中的材料是毫无效果的,因为这种在全方位的教育的企图仅仅会导致产生一种很肤浅的教学上的大拼盘大杂烩。"我的基本结论包含在这个格言里面:'少即丰富'。我相信思维的品质应该成为高中学校的目标,思维的品质成长的时间需要延长,思维的品质在进行少量的、重要的思想的时候会发展得更好。"[1]

这段话的内容极为丰富,它至少向我们透露出三个信息:一是高中阶段的教育,发展学生思维是非常重要的,培育学生"思维的品质应该成为高中学校的目标";二是要做到这一点,学校要"创造学习的环境以便于鼓励学生来深层次地探索所学课程,从而超越肤浅的理解。这就需要一个更精深的视野角度和内在的深层次学习";三是告诫我们"学习所有的课表中的材料是毫无效果的","思维的品质在进行少量的、重要的思想的时候会发

---

[1] [美]杰克·帕特拉什.华德福教育的奥秘[J].读写月报·新教育,2010(5).

展得更好"。实践也充分证明，高中生所具备的认知水平、思维能力、专注力、自主学习力、自我调控力以及自我管理能力等，是完全能够胜任这种需要长时间、具有思维挑战性、专题集中、研究深入的语文学习方式的。而这么多年来，从课程到过程，从过程到方法，"少即丰富"（不明此理，就会贪多）、"慢即是快"（不明此理，就会图快）、"金针度人"、"专注坚毅"，这十六个字几乎就成了我和学生做专题学习或整本书阅读的座右铭。

四、"学到什么程度"的问题

我们知道，人的成长是一个系统化的过程。在每一个阶段，人都有一些特定的任务需要完成，而且要达到一定的发展程度或水平；前一个阶段的任务完成得怎么样，会直接影响或关系到后一个阶段的发展。

高中生的语文专题学习或整本书阅读应该"学到什么程度"呢？

从高一第一个"读《诗经》"专题学习的终结性成果来看，学生应迅速结束叙事文、想象文的写作，而马上转入"小论文"写作或尝试学术论文写作。

有人或许会问，高一学生写作"小论文"或者学术论文是否难度太大？实践证明："小论文"或者学术论文写作要求具备的发现问题、提出问题、分析问题、解决问题的各项要素，在高一学生终结性评论文写作那里，是基本上可以达成的，部分学生还会有出色或突出的表现。而且，这样的写作，还不仅仅是为了简单地完成一次学习任务。从过程来看，它要不断地模拟、仿照、借鉴、参考、修改和创造；从做事、做人来看，它要一次次不断地预设、反复地思考、来回地调整、再三地完善，以及如陈丹青所说的"不要烦，不要放弃，不要敷衍"[①]，即关乎情绪的稳定、情感的持久、态度的积极进取、意志的坚定顽强等。而这就绝非是一朝一夕的事情，说这是一段生命旅

---

① 陈丹青.序言：贾樟柯，和他们不一样的动物［A］.贾樟柯.贾想 1996—2008：贾樟柯电影手记［M］.北京：北京大学出版社，2009：14.

程的磨砺或考验都不为过。再者，你唯有写、不断写，你才会写，才写得好。一个个专题学习，一本本书册阅读，一次次论文写作，不是简单重复，也不是螺旋上升，而是像浪潮一样向前奔涌，时而迈向高峰，时而又陷入低谷，有时会向前一步又后退两步，但总是在奋力前行。到了高二年级下半学期，能具备"研究"这种学习能力和综合素养，能写出具有较高水平的学术论文，在基础、习惯等较好的班级，可达到80%至90%的学生；在基础、习惯等一般的班级，也能达到60%至70%的学生。而目前有些地方，在高一年级一整年的时间里，还把文章写作只定位在写好记叙文的要求上，这实在是对高一学生水平、能力的低估，也是对他们高中三年大好光阴的浪费。

下面，我们不妨选一位高一学生在完成"读《诗经》"专题评论文写作之后的"回顾与反思"进行回应或者证明：

刚开始在电脑室做专题学习时，我觉得就是"看看文章""写写文章"，没有什么难的，比起原来课堂上的学习要轻松得多。可后来发现，如果真想要有所收获的话，是要花费很多工夫和力气的。

虽然只是"看看文章"，但我觉得这些文章跟以往我们看的不太一样，它们大多是围绕一个主题去论述。没有华丽的语言，但很讲逻辑，语言也很简洁、准确。刚开始读的时候觉得枯燥无聊，但是渐渐读完之后就会感觉到自己在一定时间内能够读的东西越来越多，并且学会了自己思考，比如"这个问题为什么会引起争议""这篇文章从哪些角度论述了他的观点"等。而且在读的时候也不再是一味输入，而是训练自己的逻辑思维能力。这些能力为后面的写文章、做探究奠定了基础。

尽管"写写文章"的过程是艰难的，但我觉得兴奋，痛并快乐着。一开始选文章题目时，我完全摸不着头脑，不知从哪儿下手。后来通过老师的指引和建议，还有原先师哥师姐文章的借鉴，我渐渐有了一些头绪，选定了题目《飞越千年的爱情鸟——试说"雎鸠"究竟是何种鸟》。在具体构建文章结构时，我立马就想到了先从原诗的分析入手，再对应专家、学者不同的说法，一个一个进行辩证分析。为了得出自己的结论，需要再看很多与论题相关的资料，选取可用的素材，根据自己的观点，利用素材一个一个反驳其他的观点。在遇到反驳不够有力或者论题判断不确定的时候，我又需要重新调整文章，学会换个角度去思考问题。

总之，这次专题学习我认为是有收获的，除了体验一种全新的学习方式，也培养了自己独立思考、研究问题的能力。

（学生：陈娜琳）

从这位高一学生稚嫩的"回顾与反思"可以看到，尽管在高一年级就开展这样的专题学习会充满艰难，但最终还是有收获的。而这也印证古人说的"是不为也，非不能也"[①]以及我对学生常说起的"想做总有办法，不做总找理由"。这里，容我再补上几句——刚开始做专题学习或整本书阅读时，不仅学生会怀疑自己的能力和水平，连校长和家长也会怀疑自己的学生或自己的孩子达不到这样的能力和水平。面对这么多的"不理解"，作为教师不妨与他们多沟通、交流："何不试试？或许学生就能够做到呢？"不断地寻求各方的理解和支持，以最大的诚意和努力，拿出实实在在的成绩，去证明这样的学习可以带来各方面的好处。

五、结语

综上所述，我们可以给高中语文专题学习或整本书阅读下一个这样的定义：

高中语文专题学习或整本书阅读是一种教学方式或者是一段学习旅程。

这种方式或者这段旅程，应按照高中生在语言、思维的发展和变化所呈现出来的特征和需求，选择某一部境界高远的经典作品，或某一位在历史上影响巨大的人物，或某一个重要的文学、社会现象或思潮等，然后整合、萃取出丰富而又集中的学习资源，创建、设计好学习的课程及过程，让学生通

---

① 杨伯峻.孟子译注［M］.北京：中华书局，1960：15.

过阅读、梳理、鉴赏、探究、表达与交流等语文学习活动去习得方法、培育思维、生成思想，同时也撰写出合格的文章。最终为学生的自我成长、未来发展和终身学习服务或奠基。

这一定义的提出，首先是以"主体"学生作为专题学习或整本书阅读的起点或出发点。其次是以"客体"经典作品或历史人物等作为学生的学习对象。在"主体"学生的年龄、心智、学力与"客体"的作品、人物、现象或思潮之间，讲究或要求的是互相匹配。也就是说，"客体"在既不流于浅近也不过于深奥的基础上，还应有所提高或者扩大，以形成"客体"略高于"主体"的态势，也就是我们常说的"应具有思维的挑战性"。而学习的过程或学习的活动则是"主体"与"客体"发生关系、关联的时空以及在这一时空里"主体"所可以做也应该做的事情。进一步说，作为"主体"的学生与活动、过程、方法等也应该是相互对等和契合的，而不能是"成人还在做着幼儿的游戏"。至于方法习得、思维发展、思想生成以及体现学业水平的文章写作，则是"这一"专题学习或整本书阅读的隐性或者显性的成果。

总之，就一个接近成人的高中生来说，对事物、事件、事实等能有全面、整体、高位、深入的认知，于他的"现在"或"未来"都是很重要的。所以，我们认为，无论是"谁来学""学什么"还是"怎么学""学到什么程度"，首先应该"以人为本"，要记住你教的是高中生；其次要搞清楚方向、目标，明确要做什么事；再次要学会或掌握做事的工具、方法、策略等。这也是近20年来，我们一直强调"什么年龄读什么书，什么学段做什么事"，在高中学段，学生的语文学习一定要进行也一直在迫切进行专题学习或整本书阅读教改实验的真正动因。

第三讲

"君子见大水必观焉"

——课程"隐喻"和一个学习课程的"向度"研发

　　有学者说，我国古代在很长的一段时间里，是没有"课程"这一专有名词的。如在《礼记·学记》中就只有类似课程实践方面的记载："比年入学，中年考校。一年视离经辨志，三年视敬业乐群，五年视博习亲师，七年视论学取友，谓之小成；九年知类通达，强立而不反，谓之大成。"① 而作为专有名词，表示"功课及其进程"的意思，始见于宋代。即朱熹在《朱子全书·论学》中多次提到的"宽着期限，紧着课程""小立课程，大作工夫"② 等。在英语世界里，有学者指出："'课程'（curriculum）一词最早出现在英国教育家斯宾塞（H. Spencer）《什么知识最有价值？》（1859）一文中。它是从拉丁语'currere'一词派生出来的，意为'跑道'（race-course）。根据这个词源，最常见的课程定义是'学习的进程'（course of study），简称学程。"③

　　在专题学习或整本书阅读实验的初期，"跑道"一说，我觉得尤为切合。你看：教师设置"跑道"，师生一同向前奔跑，这是一幅多么诱人的图画。但随着实践深入，我感到：专题学习或整本书阅读的课程更像是一条河汉密

---

① 王梦鸥.礼记今注今译［M］.天津：天津古籍出版社，1987：478.

② 陈侠.课程论［M］.北京：人民教育出版社，1989：13.

③ 施良方.课程理论——课程的基础、原理与问题［M］.北京：教育科学出版社，1996：3.

布的"河流"。我和学生则像是一支"探险队",或入河向上潜泳,或沿岸四处张望,徘徊、徜徉、盘桓、逗留不已。不久,便各自选择进入一条支流,溯流而上,追本探源……

那么,专题学习或整本书阅读与我们先前做的单篇、单元学习有哪些不同呢?按划定的"跑道"奔跑,与沿"河流"溯支流而上相比,各自又会呈现出怎样不同的面貌呢?研发并确定一个学习课程又该从哪几个"向度"入手或考虑,以及对这些"向度"的一些关键性的问题又做何考虑或解读呢?

一、课程不是"跑道",而是一条河汉密布的"河流"

与单篇、单元学习不同,专题学习或整本书阅读的课程是一个庞大而繁复的体系。尽管这个体系也是由一个个单篇或单元构成,而且也会就某一篇或某一组做精细阅读,但是"体"就得有一定的体量和容积,是"系"就会形成一个较为复杂的系列或系统。既然要把这种课程作为学习之用而学习又非一件简单的事情,那么,学习课程就不应被简化为某一种单一、单薄的模式,如划出一个"区域",按照同一"进程",指定一条"跑道"。因为,这既不符合自主学习、自我探究和自由表达的特征和要求,也不能真实反映学生的学习"现场"或实际状况。下面,就列出孔子"水"的"隐喻"和学生的学习"现场"或实际状况来加以说明。

1. 孔子"水哉""大水"的"隐喻"

我们知道,"水"这种极普通的物质,既养育了人类生命,也孕育了人类古老的文明。人类最初是傍水而居的。埃及人在尼罗河边上,印度人在古印度河旁,中国人在黄河、长江流域,古巴比伦人在两河流域。很多古代哲人的思考、思想也是从"水"那里获得启蒙、启迪。如孔子关于"水"的"隐喻",很多人认为是赞美"水"一往无前的精神。但在我看来,却很像是孔子在说他开设的浩渺的学习、实践课程。我们不妨先看看《孟子·离娄章句下》第十八章:

徐子曰:"仲尼亟称于水,曰'水哉,水哉!'何取于水也?"

　　孟子曰："源泉混混，不舍昼夜，盈科而后进，放乎四海。有本者如是，是之取尔。苟为无本，七八月之间雨集，沟浍皆盈；其涸也，可立而待也。故声闻过情，君子耻之。"①

这段话的意思是——

　　徐子说："孔子多次称赞水，说'水呀，水呀！'他所取于水的寓意是什么呢？"

　　孟子说："有本源的泉水滚滚地往下流淌，昼夜都不停息，把低洼之处全都注满，然后又继续向前奔流，一直流到海洋。有本源的泉水就像这样，孔子取它的就是这一点吧。假如没有本源，一到七、八月间，雨水很多，大小沟渠都注满；但一会儿也就干枯了。所以，声望、名誉超过了实际、实情，君子是引以为耻辱的。"

　　为什么"声闻过情"，"君子"就会"耻之"呢？孟子一方面在祖述孔子之意，阐发"水"的特性；另一方面用"水"来比拟人的修养德性，强调"君子"要像"水"一样有永不枯竭的安身立命之本。务本且求实，反对一个人的声望、名誉与自己的实际情况不符。回看我们专题学习或整本书阅读的每一次课程，不正像这"源泉"一样，"不舍昼夜"而奔流不息？难怪两千多年之后的作家王安忆会说："读着《诗经》，体会着风雅颂、赋比兴，你就会像被领进一个河汉密布的地带，弥漫的水雾扑面而来，模糊了你的玻璃镜片。《诗经》本身就是一条河流，一条文字之河。由于时间的关系，我们永远生活在《诗经》的下游，感受其芬芳，接受其哺养。"②

　　所以，用"水"（河流）来表现我们专题学习或整本书阅读的课程形态或"构成"，我觉得非常地形象、贴切。还是以"读《诗经》"专题学习来做说明。孔子对学生说："小子何莫学夫《诗》？《诗》可以兴，可以观，可以群，可以怨；迩之事父，远之事君；多识于鸟兽草木之名。"③19世纪法国人比奥（M. Edouard Biot）说，《诗经》"以古朴的风格向我们展示了

①　杨伯峻.孟子译注［M］.北京：中华书局，1960：190.
②　沈祖芸.与作家王安忆对话［N］.中国教育报，2002-4-2.
③　徐志刚.论语通译［M］.北京：人民文学出版社，1997：224.

上古时期的风俗习尚、社会生活和文明发展程度"。他把《诗经》看作了解古代中国的"百科全书"，"分列体格、衣着、饮食、居室建筑、农牧、狩猎、渔钓、政府机构、军队、战争等等20个项目依次简略介绍"①。走进《诗经》：那一座座山、一条条河，那人间的起居饮食、耕种田猎、爱恨情仇，那田间秀野的花草树木、鸟兽虫鱼……最初，学生不就像是走入一条指定的河汉密布的大河；而后，便是各自选择进入一条支流，溯流而上……

我们再看在孟子约三百年之后的西汉刘向。他在《说苑·卷十七·杂言》中记录了孔子与弟子子贡一段关于"水"的对话：

> 子贡问曰："君子见大水必观焉，何也？"孔子曰："夫水者
> 君子比德焉：遍予而无私，似德；所及者生，似仁；其流卑下句倨，
> 皆循其理，似义；浅者流行，深者不测，似智；其赴百仞之谷不疑，
> 似勇；绰弱而微达，似察；受恶不让，似贞；包蒙不清以入，鲜洁
> 以出，似善化；主量必平，似正；盈不求概，似度；其万折必东，
> 似意；是以君子见大水观焉尔也。"②

孔子主张"君子见大水必观焉"。那么，联系后文"君子比德"，"大水"必是喻指百川灌河，而后苍苍茫茫、奔涌向前、终归大海，即孔子培育"君子"人格和"士子"精神的教育大课程。

2. 专题学习或整本书阅读的学习"现场"或实际状况

从统摄课程全局的核心价值观及育人的具体目标上看，专题学习或整本书阅读首先要给学生一个"鸟瞰式"的学习全貌，使学生避免陷入阅读量少、阅读面窄、思维缺乏深度和广度、写作内容肤浅空洞的窘境。当然，更重要的，还是要在此基础上，再通过"各自选择"，让学生去自主学习、自我探究和自由表达。

下面，我们只从统计出的高一年级两届学生的"读《诗经》"专题学习、高二年级2016届学生的"读莎士比亚"专题学习和《红楼梦》整本书阅读的

---

① 夏传才. 关于《诗经》再评价的几个问题 [J]. 社会科学战线，2001（2）.
② ［汉］刘向. 说苑校证 [M]. 向宗鲁校证. 北京：中华书局，1987：434.

论文题目（见表1，表2）来说明，看看学生"各自选择"的写作内容是怎样体现丰富、深广、宽厚的特征的。

表1 高一年级两届学生"读《诗经》"专题论文题目统计（仅列20例）

序号	2013届学生论文题目	序号	2016届学生论文题目
1	遗留千年的神秘之物——试说《静女》"彤管"	1	济水：被遗忘的明珠——《新台》中的"河"不是黄河
2	礼轻如鸿毛，情重如泰山——浅谈《诗经》中的礼物	2	从《诗经》外族入侵的诗歌看对当时社会的影响
3	"将离草"与爱情——从《溱洧》的芍药说开去	3	盛开着爱情花朵之下的风云变幻——试说《郑风》中的爱情诗和讽刺诗
4	跨越时代的女性——《氓》究竟是不是一首弃妇诗	4	是赞美官吏还是讽刺官吏——试说郑风中《羔裘》的主题
5	被"水"缠绕的《诗经》	5	浅谈《诗经》中的悼亡诗
6	浅说《诗经》爱情诗中的女人与男人	6	《蒹葭》究竟是求贤诗还是爱情诗？
7	谈《诗经》中男性的魅力	7	我谈《击鼓》中士卒的感情
8	说说《诗经》中的服饰文化	8	浅谈《七月》文学价值与史学价值
9	"木瓜"知多少——探索千年的"木瓜"意象	9	飞越千年的爱情鸟——试说"雎鸠"究竟是何种鸟
10	《诗经》为什么喜欢用"飞鸟"意象	10	试从《诗经》的秦风分析秦国文化
11	浅谈《诗经》中植物与爱情	11	对《诗经》战争诗中几种情感的理解
12	浅述《诗经·国风》中女性之美	12	那些惊艳了时光的女子——细说《诗经》中的女子形象
13	试说《诗经》中战争诗的情怀	13	浅谈《诗经》中的女性形象

续表

序号	2013届学生论文题目	序号	2016届学生论文题目
14	从《诗经》中婚恋诗看其家国思想	14	说说《诗经》中女子的恋爱观及女性形象
15	《七月》作者何许人也？	15	试论《郑风·子衿》中的四大谜团
16	试说《郑风》的"乐而不淫"	16	也谈《诗经》中的男性形象
17	那位著名的负心汉——从"氓"的角度分析两人婚姻破裂的原因	17	浅谈《将仲子》当中的"无"
18	试从《诗经》的秦风中探讨秦国文化	18	一段婚恋的悲剧结局——试谈《氓》中男女分手的原因
19	《诗经》中的"雨"	19	试说"雎鸠"的意象及"君子、淑女"的身份
20	《卷耳》中不同视角场景的探究	20	试说《诗经》中的阶级色彩

表2　高二年级2016届学生"读莎士比亚"专题和《红楼梦》整本书阅读论文题目统计（仅列20例）

序号	"读莎士比亚"专题论文题目	序号	《红楼梦》整本书阅读论文题目
1	一朵夭折的玫瑰——说说《哈姆雷特》中的奥菲利亚	1	从黛玉"换药"看王夫人与贾母对黛钗的不同态度
2	浅谈《哈姆雷特》语言魅力	2	袭人和晴雯的比较浅析
3	浅谈哈姆雷特性格的复杂性	3	林黛玉的悲剧命运探源
4	"监视"与"毒药"——关于《哈姆雷特》中两个问题的探讨	4	从宝黛婚事看贾母与王夫人争斗的奥秘
5	成功与失败——两位王子复仇的比较分析	5	读红楼，看奢侈，思衰落
6	思考与行动——浅谈哈姆雷特成长历程	6	试析《红楼梦》中刘姥姥的人物形象

续表

序号	"读莎士比亚"专题论文题目	序号	《红楼梦》整本书阅读论文题目
7	浅谈奥菲利亚的"疯癫"	7	浅谈探春的性格与悲剧性结局
8	内心撕裂与挣扎的哈姆雷特——浅议东西方的复仇文化	8	薛宝钗的金锁是伪造的吗?
9	权力的受害者——对大臣波洛涅斯的人物分析	9	浅析《红楼梦》贾宝玉性格特征
10	一个思想狂人——谈谈莎士比亚人文思想的历程	10	浅谈薛宝钗服饰中隐含的内心世界
11	男权社会下奥菲利亚的形象分析	11	林黛玉与薛宝钗的比较分析
12	爱的暴力——试说《哈姆雷特》中爱情的"不幸"	12	浅谈《红楼梦》宝黛钗的爱情悲剧
13	试说霍拉旭的人物形象以及作用	13	什么样的人能与凤姐融洽相处?
14	浅谈《哈姆雷特》中的波洛涅斯	14	谈谈《红楼梦》中四大丫鬟
15	从三个事件分析乔特鲁德的性格特点	15	说袭人之于贾宝玉
16	浅谈劳伦斯神父的人物设定	16	浅析林黛玉的哭泣
17	相隔万里却异曲同工——浅论《窦娥冤》和《哈姆雷特》中的"鬼魂"	17	试析《红楼梦》中人物住处的特点及人物性格
18	"水中的奥菲利亚"的背后内涵刍议	18	大观园里的植物及其蕴意
19	浅谈《罗密欧与朱丽叶》悲剧中的喜剧色彩	19	谈谈大观园中宝黛钗居所的建筑艺术
20	从《罗密欧与朱丽叶》与《哈姆雷特》之比较看莎士比亚戏剧如何走向成熟	20	贾府没落的暗示——浅议《红楼梦》中的避讳

从"各自选择"的四组论文题目,能看出同年级或不同年级学生的写作

内容是怎样一步一步走向丰富、深广和宽厚的。而且，即便是同题（《诗经》）同年级，因为不同届，他们所选择的题目也会不一样（有的超出课程指定范围）。专题学习或整本书阅读的课程形态或"构成"就是既有"指定"，也可"选择"；"指定"是给出全局的视野或背景，"选择"是尊重学生的志趣或爱好。"以人为本"和学习的最终目的就是应该尊重个人"选择"。试想一下，进行这样一种课程学习，假如学生只能按划定的"跑道"奔跑，而不是让他们各自选择进入一条支流……那又怎么可能在最后论文写作中呈现出这样一个多彩纷呈的面貌呢？

专题学习或整本书阅读需要达成的目标或许有很多，但居于首位或居于主要地位的就是让学生自主学习、自我探究和自由表达。统一指定为一个话题或一个议题，置学生的志趣、志向、爱好于不顾，这本身就是对自主学习、自我探究和自由表达的否定，是与之背道而驰的行为。

二、研发并确定一个学习课程的"三个向度"

专题学习或整本书阅读课程既有"指定"，那么，教师就必得有所作为。下面，就讲讲实施这种学习的一个关键步骤——研发并确定一个学习课程的"三个向度"，即学习目标、学习内容和学习活动。

毫无疑问，当我们聚焦到一个专题或一本书时，"这个专题"或"这本书"就会显示出很多自身的特性。首先，主体学习材料所呈现出来的文体样式（体裁）就会有很大的不同。有的是诗歌（如《诗经》《楚辞》），有的是小说（如《呐喊》《彷徨》），有的是戏剧（如《雷雨》《哈姆雷特》），有的是多项组合（如李白或苏轼的诗、词、文）。这样的文体特征，也就决定了"这个专题"或"这本书"的学习目标或方向与其他专题或别本书的不同。其次，辅助性学习材料，如解读作家、作品的文本等，我们能够找到，并且能够确认在"质"和"量"上都适合学生的，很多时候极为有限。再次，根据学情和确定好的学习材料，经过反复斟酌，然后运用极其简洁、准确的文字表述形成学习目标，这是一件颇费思量的事情。最后，同上一个专题学习或整本书阅读，在思想内容、能力要求、素养培育等方面是否具有连续性，这也是要考虑的问题之一。总之，这些都将成为考验我们的难题。

下面，我们用"读《诗经》"专题学习的学习目标、学习内容和学习活动来举例说明。

《诗经》也称"周诗"，是华夏民族文史的源头。"读《诗经》"专题也常常是我们高一年级学生课程学习的起始。考虑到它在整个系列课程中所占的内容比重和有限的课时安排，学生在做这一专题时，当然不能像读"整本书"那样从头至尾地读完。但选择书中部分篇目做组合，就能给学生一个适度的、具有言语精神张力的、丰富而完整的世界，就能让学生从"一斑"或"数斑"中窥见"全豹"。为此，在研究好高一学生认知能力、水平后，我们从这一专题内容的"适度"和"完整"两方面下功夫，即主要选择"十五国风"中表现爱情、劳动、战争的诗歌篇目（以周振甫《诗经译注》为学本）以及辅助性学习材料，然后确定这一专题学习的"三维目标"（语言目标、思维目标、价值目标），设置学习内容和设计学习活动（见表3，表4，表5）。

表3 "读《诗经》"专题学习的"三维目标"

三维目标	学习目标的具体内容
语言目标	1. 阅读、梳理、理解和运用《诗经》中有生命力、有表现力的诗句，学习《诗经》重章叠唱、直抒胸臆的歌咏形式。 2. 阅读专家、学者的评论文，能围绕一个内容（如人物、环境、主题、语言等）从不同文本中梳理并提取多条相同的、重要的语言信息，并进行对比性的处理（如转变成表格或概括成文字）。 3. 写作评论文，能运用自己的语言有条理、有层次地陈述、转述或概述作者的思想或作品的内容，能准确表达自己的独特感受或独到见解，能掌握评论文标点符号的使用特点。

续表

三维目标	学习目标的具体内容
思维目标	1.能看出一篇评论文中作者对作品内容的理解（如情节的复述或概述）是否正确，能找到体现作者观点的语句和明确文中理论或事实的出处或依据，能了解作者的表述方式和文章的文体特色。 2.能围绕一个内容从不同的评论文中梳理并提取多条相同的、重要的信息，然后在比较、辨析过程中不断补充、整合或者重构（使之建立联系），从而对这一部分内容能有新的发现或新的理解。 3.能辨别题目、论题与论点三者的异同，能明确评论文语段、语序的组织规律，能运用梳理、分类、比较、辨析、推理、判断等方法来研究或分析问题。让自己的思维向思辨性思维过渡。
价值目标	1.感受《诗经》中的乡土情怀、宗国情感和伦理情意。 2.领悟《国风》中"主文而谲谏"（用诗的方式委婉地劝谏），《大雅》《小雅》中"言王政之所由废兴也"所表现出来的知识阶层关心家国命运的责任与担当。 3.理解《诗经》中关注世俗生活、关注个体生命的"以人为本"的精神。热爱生活，相信爱情，思考并学习爱的能力，努力过有尊严、有智慧、有品质的生活。

表4 "读《诗经》"专题学习的学习内容

阅读分类		选择的学习篇目及辅助性学习材料
背景阅读	基础阅读	李山《〈诗经〉离我们有多远》；周振甫《诗经译注》"十五国风"的"导言"。
	拓展阅读	高自双《〈诗经〉语言的生命力》。
原作研读	基础阅读	《关雎》、《静女》、《木瓜》、《溱洧》、《氓》、《芣苢》、《伐檀》、《无衣》（秦风）、《蒹葭》、《采薇》（小雅）（共10首）。
	拓展阅读	《桃夭》《汉广》《野有死麕》《将仲子》《子衿》《硕鼠》《击鼓》《君子于役》《黍离》《七月》（共10首）。

续表

阅读分类		选择的学习篇目及辅助性学习材料
基础阅读	鉴赏解读	金启华《〈诗经·周南·关雎〉赏析》；褚斌杰《〈诗经·邶风·静女〉赏析》；庞坚《〈诗经·卫风·木瓜〉赏析》；萧华荣《〈诗经·郑风·溱洧〉赏析》；孙以昭《〈诗经·卫风·氓〉赏析》《〈诗经·周南·芣苢〉赏析》；徐培均《〈诗经·秦风·无衣〉赏析》；张金耀《〈诗经·秦风·蒹葭〉赏析》（共8篇）。
	互文比读	王开林《穿越〈诗经〉的画廊》之"关雎"；梁志军《两千年前的爱情轻喜剧》；若风《投我以木瓜》；刘冬颖《〈诗经〉中的上巳节》；傅道彬《至于顿丘》；骆玉明、顾伊《"车前草"用来派什么用处》；徐昌才《〈无衣〉三美》；晁毓红《秋水伊人，永恒之追求——读〈诗经·秦风·蒹葭〉》（共8篇）。
拓展阅读		陈国安《远古的漫歌——〈关雎〉重读》；张步学《试论洽川是"诗之源"》；魏媛《〈诗经·郑风〉爱情诗的表现手法及其启示》；刘玉娥《〈诗经〉"郑风"情歌的地域特色》；汪渊之《"女之耽兮，不可说也"——〈氓〉：女性的自我沉迷之歌》；李全祥《谈〈诗经·卫风·氓〉的主题》；丁光涛《轮人之歌：以物理之钥解〈伐檀〉之争》；赵沛霖《关于〈诗经〉战争诗的几个问题》；韦庆远《"万寿无疆"考——读〈诗经〉有关篇章的札记》；张雨楠（采访）、马银琴（受访）《马银琴：〈诗经〉的形成、演变与影响》（共10篇）。
学生习作		徐燕娴《说说〈诗经〉中的服饰文化》；段梦娇《思念是一种病——浅谈〈诗经〉中的爱情诗》；陈嘉卉《被"水"缠绕的〈诗经〉》；施树菀《跨越时代的女性——〈氓〉究竟是不是一首弃妇诗》；夏昭杨《遗留千年的神秘之物——试说〈静女〉"彤管"》（共5篇）。

表5 "读《诗经》"专题学习的学习活动

活动指向		具体学习活动
背景阅读	基础阅读	1. 阅读相应文段并上网查找"十五国风地图"，以此为参照绘制一幅体现自己个性并具有现代风格的"十五国风地图"。 要求：①注明今天重要的或具有标志性的地名，标注出"十五国"的地理位置；②在不同"国"边上注明"风"诗的篇名及数量。

续表

活动指向		具体学习活动
		2. 李山对"诗经六义"中的"风"的释义有自己独到的见解。阅读相应文段，请概括出作者两点主要的看法。
	拓展阅读	阅读相应文段，对照原著，用表格在笔记本上整理《诗经》中有生命力的词语/句。 要求：①整理词语/句不少于30个；②注明生字词的读音。
原作研读	基础阅读	1. 认真阅读指定的10首诗以及每一首诗后面的注释和译文，随时记录下自己阅读时的疑问、思考、感悟或心得。 2. 选一两首诗配上背景音乐，在班级内做配乐朗诵，并说出选配音乐的理由。
	拓展阅读	自主阅读指定的10首诗。
基础阅读（赏读与比读）		1. 阅读《关雎》两篇评鉴文章，从结构形式、文体风格、写作手法和语言特色四个方面，选其中一方面做比较，看有何不同。 2. 阅读《静女》两篇评鉴文章，写一段或几段文字（300字左右），再现诗中描绘的情景或探究诗中一两个小问题。 3. 阅读《木瓜》两篇评鉴文章，庞坚的文章重分析，若风的文章则重实证。想想这两种写法给你带来怎样的启示。 4. 阅读《溱洧》两篇评鉴文章，看看这两位学者文章的切入点和侧重点有哪些不同，并说说这对你写文章有哪些启示。 5. 阅读《氓》两篇评鉴文章，看看这两位学者的评价和表现出来的情感态度有哪些不同，各自理由是什么。 6. 阅读《芣苢》两篇评鉴文章，选择"拓展阅读"中《桃夭》《子衿》两首诗中的一首，写一段场景想象文字（300字左右）。 7. 两篇评鉴文章都认为《无衣》一诗洋溢着一种激情似火、斗志如云的爱国氛围。学习朗诵此诗，在班级开展一次朗诵活动。 8. 从《蒹葭》两篇评鉴文章中找出"主旨研究、判断"的文段，思考为什么这样的文段至关重要。如果你写这样的赏析文字，要从哪几方面做具体、细致的工作？
	拓展阅读	对照"基础阅读"中16篇评鉴文章，研读"拓展阅读"中10篇较长的评论文章，从思想内容和表现形式两方面看看自己有哪些新发现、新认知、新理解或新创造。

专题学习的"三维目标"，语言目标和思维目标重在学习过程中，对基础知识和文本内容，要做到领会、理解与运用，对思维方法和思考技能，要做到充分掌握与熟练操作。价值目标重在情感、态度、观念、信仰等的统一融合，如家国命运的责任与担当，生活态度、人生态度的形成与优化等。

专题学习的学习内容和学习活动，重在从静态的内容"转化"成动态的活动。也就是说，选择、确定好学习内容之后，还要"转化"成学生的学习活动。从学习活动的各项要求可以看出，梳理、观察、比较、辨析、推理、判断、确认、复述、转述等学习活动，无不体现在具体的学习过程当中。

总之，"三个向度"中，学习目标的语言、思维、价值"三维目标"是逐级递进的；学习内容和学习活动的层级与类型要相互匹配，并做到环环相扣。

三、对"三个向度"一些关键性问题的考虑或解读

首先，为什么高中语文学习，特别是涉及古诗文内容的专题学习或整本书阅读，我不主张死记硬背？在确定"语言目标"这一向度时，我只强调"阅读、梳理、理解和运用"的语言学习要求，而不是"背诵"？我们不妨来看这样的语文学习的一些特点。

以《论语》整本书阅读梳理仲由（子路）为例。我们并非要把子路出现41次的章节梳理出来让学生去"背诵"和"今译"，而是要让学生梳理（能力弱的学生，教师可先做示范）出这些章节之后，对其进行观察、聚焦、放大、比较、辨别、假设、想象、预测、联想、质疑、推理和判断。也只有这样，学生才能够发现：子路最主要的性格特点就是"直率"、"勇敢"（敢问、敢说、敢做、敢承认、敢担当）以及"喜怒形于色"。而有了这样的发现，学生就能够深入理解，而后就能够灵活运用于表达和交流的实践中。下面，我以分类梳理出来的子路敢说、敢做的其中五章例句来做说明：

1.子曰："由，诲女知之乎？知之为知之，不知为不知，是知也。"（《为政篇》）

2.……子路曰："愿闻子之志。"……（《公冶长篇》）

3.子疾病，子路请祷。子曰："有诸？"子路对曰："有之。《诔》曰：'祷尔于上下神祇。'"子曰："丘之祷久矣。"（《述而篇》）

4.子曰："由之瑟奚为于丘之门？"门人不敬子路。子曰："由也升堂矣，未入于室也。"（《先进篇》）

5.……子路率尔而对曰："千乘之国，摄乎大国之间，加之以师旅，因之以饥馑，由也为之，比及三年，可使有勇，且知方也。"……（《先进篇》）

第一章，初中学过，浅之又浅。但不深究，仍然不懂。实际上是子路在旁，孔子教诲。孔子为什么说"知之为知之，不知为不知"？唯一的解释是早期的子路不懂装懂，敢于乱说，让老师极不满意，认为这不是真"知"。第二章，孔子要子路、颜回"各言尔志"。二位说完按常理是老师评价一番，可子路居然敢说："希望听听老师您的志向呢！"这可谓"冒犯"而且"有勇"。第三章，孔子病重，子路竟敢请求祈祷鬼神。孔子说："这有什么道理吗？"子路回答："有啊！"可谓坦然，敢于担当。第四章，子路"瑟"技未精，竟敢在老师边上弹奏不已，你可以说他勤奋好学，但却也不分场合，过于敢为。第五章，"率尔"直接就写出了子路"直率"的性格。

你看，不正是有了这样的分类梳理，才会有之后的比较、辨别、想象、预测等，然后才推断出子路敢说、敢做的"直率"性格。可如果学生只简单做一些"背诵"和"今译"，而不做这些梳理、比较、辨别、想象、预测、推理和判断，又何谈去深入了解和深刻理解呢？没有了解和理解，又怎么能够灵活运用（如复述、转述、分析、评价等）到自己的表达与交流当中呢？要知道，即便是记忆，分类梳理之后的理解记忆，也比机械的死记硬背要来得持久，要更能让人铭心刻骨。法国学者列维－斯特劳斯说："任何一种分类都比混乱优越，甚至在感官属性水平上的分类也是通向理性秩序的第一步。"[①] 他还认为，"分类"有两个基本意义，即扩展认识事物的能力和加强记忆。"因为即使是一种不规则的和任意性的分类，也能使人类掌握丰富而

---

① ［法］列维－斯特劳斯.野性的思维［M］.李幼蒸译.北京：商务印书馆，1987：21—22.

又多种多样的事项品目；一旦决定要使每件事都加以考虑，就能更容易形成人的'记忆'。"①

其次，为什么在专题学习或整本书阅读的学习活动中，我们会大量采用制作图表的学习方式？制图（含"思维导图"）列表对学生的学习究竟能带来哪些帮助或好处？我们不妨再来看用图表学习的一些特点。

以"读《诗经》"专题学习"阅读相应文段并上网查找'十五国风地图'，以此为参照绘制一幅体现自己个性并具有现代风格的'十五国风地图'"为例（见图1）：

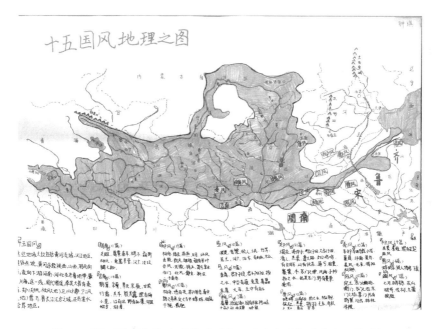

图1　"读《诗经》"专题学习"十五国风地图"（学生：钟琪）

注明今天重要的或具有标志性的地名，标注出"十五国"的地理位置，在不同"国"边上注明"风"诗的篇名及数量，学生可认知《诗经》"十五国风"的全貌并理清由"二南"而至"十三国风"的清晰脉络。

---

① ［法］列维－斯特劳斯. 野性的思维［M］. 李幼蒸译. 北京：商务印书馆，1987：21—22.

再以《论语》整本书阅读为例。如用表格梳理《论语》某一章的内容，能够辨析复杂语句的异同，理解其概念、思想的内涵。以《阳货篇》第八章为例：

> 子曰："由也，女闻六言六蔽矣乎？"对曰："未也。""居！吾语女。好仁不好学，其蔽也愚；好知不好学，其蔽也荡；好信不好学，其蔽也贼；好直不好学，其蔽也绞；好勇不好学，其蔽也乱；好刚不好学，其蔽也狂。"

孔子为什么要用"六言六蔽"教导子路？这当然是他针对子路这个人的"因材施教"。可单读这段原文或再读译文，也还是不能很好地理解其中的含义。但如果我们用表格来分解这段话的内容就一目了然：孔子的意思是，子路若只是爱好这六种"德行"却不爱好"学习"，就会陷入其后的六种"弊病"（见表6）。由此看出，对子路而言，"学习"尤为重要。也正所谓孔子的"学而时习之"，荀子的"君子曰：学不可以已"[①]。

表6　孔子教导子路的"六言六蔽"

好	仁（仁德）	不好	学	愚（愚蠢）
	知（聪明）			荡（放荡）
	信（诚实）			贼（伤害自己和亲人）
	直（直率）			绞（说话刻薄，不通情理）
	勇（勇敢）			乱（闹出乱子，闯祸）
	刚（刚强）			狂（狂妄）

简而言之，制图列表能够迅速合并大量的数据或整合复杂的信息，再通过统计、排序、比较、辨析等"梳理""探究"方法，就可以看出数据或信息的相关和不同，就能够直观地显示或呈现事物、事件、事实、事理等的背

① ［战国］荀子.荀子［M］.方勇，李波译注.北京：中华书局，2011：1.

景、全貌、内涵、本质或规律。正如恩格斯所说："无数杂乱的认识资料得到清理，它们有了头绪，有了分类，彼此间有了因果联系；知识变成了科学。"①

四、结语

把专题学习或整本书阅读的课程形态或"构成"隐喻为"河流"，重在指向学生的"自主选择"。研发并确定一个学习课程的"三个向度"，主要是为了确保"这一课程"学习目标的有效落实和学习活动的具体开展。

近20年，我和学生从《诗经》一路走来，走过《楚辞》《论语》，走过陶潜、李白、杜甫、苏轼，走过《红楼梦》，走到鲁迅、曹禺、沈从文……从远古走到现代，从华夏走向世界。正如黄河、长江，奔流向东，汇入大海。或许，也正因为有这样的"走过""走到"和"走向"，学生才会有如此大的视野、格局和气象。所以，在这段难忘的日子里，我会不断告诉学生："要像水一样啊！'不舍昼夜，盈科而后进，放乎四海'"；要有"君子见大水必观焉"的气概与品格；要时刻铭记先哲所说的"水之积也不厚，则其负大舟也无力"②的告诫。并且，在多年以后，当我和学生一起做"中国当代诗歌（1979年至2009年）"专题时，我会拿着诗人雷平阳"有一种固执的不同寻常的诗意"③的一首诗——《澜沧江在云南兰坪县境内的三十七条支流》来表现我们的课程学习。

确实，好的课程就像是一条有着无数支流、纵横交错的大河，我们的学习则像溯流而上，"溯洄从之"，而后"固执"往下，一路向东或一意向南。而这一路上的"风景"，你既可近观那涓涓细流，又能远眺那大江大海，如此，你的胸中才可能蕴藉着大气象、大格局、大勇气和大担当。

---

① 马克思恩格斯全集（第1卷）[M].北京：人民出版社，1956：657.
② 陈鼓应.庄子今注今译[M].北京：中华书局，1983：5.
③ 李军奇.雷平阳 耕者远行[J].南方周末·精英，2014（11）.

"欲穷千里目，更上一层楼"

——试说我们的语文能力及其他能力的"两年进阶"

　　如今，只要一说到"语文能力"，我们自然会联想到"语文核心素养"这样一个重要概念。其实，在我国中小学语文课程标准编制过程中，一直存在一条从"能力"到"素养"的发展轨迹。从"能力"到"素养"的变化，不是一个简单词语的替换，而是我们语文界对语文学科的性质、地位、目标和方法等进行全面、深入反思，以及不断厘清、辨别其内涵"边界"或界限的结果。然而，"能力"和"素养"又存在着必然的内在联系。我们不妨先看看《普通高中语文课程标准（2017 年版 2020 年修订）》的一些说法：

　　　　随着社会和教育事业的发展，语文课程更加强调以核心素养为本。要进一步改革语文课程的目标和内容，既要关注知识技能的外显功能，更要重视课程的隐性价值，还要关注语文课程在社会信息化过程中新的内涵变化……

　　　　普通高中语文课程应继续引导学生丰富语言积累，培养良好语感，掌握学习语文的基本方法，养成良好的学习习惯，提高运用祖国语言文字的能力；语言文字运用和思维密切相关，语文教育必须同时促进学生思维能力的发展与思维品质的提升……

　　　　学科核心素养是学科育人价值的集中体现，是学生通过学科学习而逐步形成的正确价值观念、必备品格和关键能力。①

这里，在提出"强调以核心素养为本""学科核心素养是学科育人价值的集中体现"之后，紧跟着的就有"关注知识技能""提高运用……能力""促进学生思维能力"和"逐步形成……关键能力"等这样一些语句。由此，我们可以看出，"语文素养"应是涵盖着"语文能力"。或许还可以进一步说，语文素养就是指一种以语文能力为核心的综合素养。一个具备了较好语文能力的人，才可能称得上具有较好的语文素养；同时，一个人的语文素养也会直接体现在一个人的语文能力上。

据此，在这只有两年学习时间的专题学习或整本书阅读过程中，我们主要抓住的就是能体现语文学习专业性特点的"能力"二字，具体包括学生的阅读力、思考力和表达力。当然，在这三项能力之外，还包括与专题学习或整本书阅读有着密切关系的其他能力，即管理力、行动力、专注力和意志力等。我们非常急切地想利用这宝贵的两年学习时间，实现一学期一迈进，四学期四"进阶"。如仅从能力目标的角度，我们就想让学生学到发现问题、提出问题、分析问题和解决问题等思考技能。下面，我们分而述之，以阐明其各自内涵以及相互间的关系。

一、学生语文能力的"两年进阶"

如果只用四个字来概括我们高中语文学习能力"两年进阶"的总目标，那就是让学生学会"治学方法"。如果仅从阅读、思考和表达的角度来说，那就是要让学生习得阅读方法，掌握思维工具，学到思考技能，培育审美鉴赏，具备探究意识，学会语言运用和学术写作。如果要把阅读、思考和表达与发现问题、提出问题、分析问题和解决问题合二为一来表述，那就是要让学生在阅读、思考和表达的过程中学会发现问题、提出问题、分析

---

① 中华人民共和国教育部.普通高中语文课程标准（2017年版2020年修订）［S］.北京：人民教育出版社，2020：2，4.

问题和解决问题，进而能应对在未来学习、生活、工作中所遇到的诸多问题或困难。更进一步说，在这仅有的两年学习时间里，我们一定要想方设法找到学生思考技能的"根本"，那就是要千方百计地培养学生"发现问题"的能力。

为何"发现问题"的能力对学生如此重要？我们可以从专题学习或整本书阅读实践中得出结论：一个人不可能在没有任何前置条件下就能够发现问题。从语文学习或学术研究的角度看，一个人只有在广泛、深入阅读之后，才有可能发现有价值的问题；再从一个人的生命历程来看，这个人只能在经过一定人生阅历之后，才有可能发现"真问题"。而发现问题又是后续提出问题、分析问题和解决问题的前提。没有这个前提，我们的后续学习或者行事便失去了目标或方向。为此，我们的整个学习，所有前置的学习内容或课程就都围绕这一目标或方向来进行设定；只不过在朝着这一目标或方向迈进的过程中，我们还会兼顾到其他需要掌握的知识和需要培养的能力。但"发现问题"这一核心能力，才是我们语文学习各项能力中的"靶标"。请看我们学生的"能力、目标层进表"（见表1）：

表1　高中生两年语文学习"能力、目标层进表"

能力	大致行为	具体行为、方法或活动	"靶标"	目标层进	总目标
阅读力	阅读和梳理	分类（含"多级分类"）、统计、排序或列表（含"思维导图"）等	发现问题	提出问题 ⇩ 分析问题 ⇩ 解决问题	治学方法
思考力	鉴赏和探究	观察、审视、聚焦、放大、比较、辨别、假设、想象、预测、联想、质疑、推理、判断、确认等			
表达力	表达和交流	复述、转述、描述、概述、举例、解释、说明、论证、阐析、归纳、概括、评价、推断、结构、赋形等			

在这里，还必须明确指出的是，人的阅读、思考和表达的内在思维活动，

很多时候都是在同时推进或是在交错并行的。因为，你阅读的同时，肯定会进行梳理；你梳理的时候，肯定会对梳理"对象"进行观察（有可能"发现问题"），有时甚至会做出推理和判断（也就是"提出问题"）；你要做推理和判断，其实也就是在进行着表达（也是在"分析问题"等）。所以，我们不能把阅读力、思考力和表达力这三项能力或者说思维活动截然分开；也不能将"能力"系统与"问题"系统截然分开。但下面为了便于说明，我还是分开来做阐述并举出一些例证。

1. 阅读力

关于"阅读力"，我至今没有看到一个专门、确切的定义。很多人会把阅读兴趣、阅读习惯和阅读能力等混淆在一起；然后，在谈到阅读能力时，又把阅读理解、联系实际和联想创新等搅和到一块。再或者就是"王顾左右而言他"了。

实际上，"阅读力"的定义不应该如此混乱和复杂。简单地说，它就是指阅读应具备的能力。具体点说，它至少应该包括阅读类、阅读量、阅读法、阅读速度和阅读质量等基本要素。

所谓"阅读类"，是指阅读的评论文（论文）和著作的类别或类型。如评论文类（以下为学生论文题目），《试论李白诗歌中跳跃性思维的表现及由来》《说说苏轼的豁达与辞达》等就属于直接论述形式的评论文；《浅析李白为何"我独不得出"》《悲剧在个人，还是在社会——从鲁迅〈伤逝〉谈起》等就属于通过论辩形式来发表自己见解的评论文；《遗留千年的神秘之物——试说〈静女〉"彤管"》等就属于在归纳、总结前人或今人对某一学术问题已有研究成果的基础上，加以介绍或评论，从而发表自己见解的综述型的评论文。又如著作类，《红楼梦》《呐喊》等属于叙事记述类著作；蒋廷黻的《中国近代史》、费孝通的《乡土中国》等属于论证阐述类著作；《离骚》等属于抒情类著作。总之，我们要在这两年时间里，让学生尽可能接触、了解并熟悉各种类别评论文（论文）和著作的体裁或"样式"。

至于"阅读量"，一是指在一学期里，学生全程阅读从整体上所达到的指定总数量。如高一至高二四个学期，学生阅读量的整体"进阶"是：高一上学期从 6 万字至 10 万字；高一下学期从 10 万字至 15 万字；高二上学期从 15 万字至 30 万字；高二下学期从 30 万字至 50 万字。而这在我们的教学实践中，不仅完全可以做到，还会"超额完成"。如高二下学期《红楼梦》整本书阅读，仅评论文就达到 50 万字的阅读量。二是指在设定的"课段"里，学生在规定的单位时间内阅读单篇文本所达到的文字量。高一年级应该从两千字逐步上升到一万字的长文阅读；高二年级一万字的长文阅读应该是学生的阅读常态。总之，在阅读量上，我和学生达成一个基本的共识：读书如"跑步"，想要跑好一千米短跑，就得先跑上和跑好一万米的长跑。

在"阅读力"各要素中，我们认为，最具核心竞争力或最需要掌握的就是"阅读法"（阅读方法）。作为教师，我们不应该只关注学生具体是哪一个群体"在读"这样一种状态，如在课堂上什么齐读、个人读、小组读、男生读、女生读、反复读等；也不能只看重学生"读"的外在形式而不对"读"的内在方法做具体深究，如只要求学生笼统地做什么诵读、朗读、默读、初读、略读、精读、细读、批读、赏读、悦读等。我们认为，既然已经是高中生，则更应该学习"默默阅读"（即不干扰他人，自己静心阅读）和"默默阅读"之后必须学到的功夫。什么是"默默阅读"之后必须学到的功夫？当然不是只对精读、细读、批读等这些方法的模糊认知，而是要明白运用到怎样具体的方法才能够做到精读、细读、批读等。不要以为在课堂上有了书声琅琅或多读多诵，教师就可以万事大吉，学生便觉得志得意满。高中生阅读理应追求更高的层次或标杆。什么是高中生阅读更高的层次或标杆？我认为，就是"梳理"，就是运用分类（含"多级分类"）、统计、排序或列表（含"思维导图"）等方法对阅读内容进行"爬梳整理"。至于阅读速度和阅读质量，学生只要把这些具体方法运用娴熟，保有一定的速度并保证其质量，如一分钟从七百字至一千五百字至三千字，甚至一目十行的五千字，再运用预测、推断、确认等得出正确的结论，就基本不成其为问题。而这也是我在"第二讲"中所强调的观点——"慢即是快"，即先慢而后快。

2. 思考力

"思考力"有人也称之为"思维力"。从学习实践中，我们更认可这样的说法：所谓"思考力"，就是指一种透过事物的现象看到事物本质的能力。它大体应该包括思维工具、思考技能和探究意识三个方面内容。

一个人在正式阅读或了解不同事物、事件、事实或"知识"时，一定会对这些事物、事件、事实或"知识"进行分类、统计、排序或列表；而后就会对它们做出观察、聚焦、放大、比较、质疑、辨别、想象、预测、联想、推理、判断、确认；最后就能够深刻认识和把握其本质特征。从这一过程来看，掌握"思维工具"应该是最为重要或者核心的事情。掌握好工具，然后不断训练这些技能，"唯手熟尔"，学生的探究意识便随即建立起来。有了探究意识，就随时会"观察"自己阅读或了解的"对象"，就会把自己的思考聚焦在"对象"的某一个特殊或特定的"点"上，并且把握其本质或关键，最终，就有可能推断出结论。用我经常向学生说的一句话就是："想得明白，才说得明白、写得明白。"下面，举出我们做"读《楚辞》"专题时，学生根据《离骚》两个节选文段推断出结论的例子。

我们知道，学习《楚辞》的首要任务或者说第一道难关就是"读懂"屈原的重要代表作《离骚》。作为我国古典诗歌史上最辉煌的长篇抒情诗，其浪漫主义的象征手法、斑驳陆离的艺术群像，可以说诗人表现得淋漓尽致，但也因此让读者觉得"纷繁复杂"到了极致。假如我们还像平时一样，只采取讲解、今译、背诵的教学方式，就很难准确、清晰地把握诗人这既"长"且"纂"的情感轨迹；搞不好还陷入"一锅粥"即感觉诗人除了哀怨还是哀怨而自己也稀里糊涂的境地。为此，我们先让学生阅读原人教版和粤教版教科书选入的片段（即"小步前进"），仔细"观察""聚焦"并梳理诗人抒发情感依托的"对象"（形象、意象等），然后推断结论（见表2，表3）。

先看学生的两次"分类""列表"：

表 2 《离骚》两个节选文段内容"一级分类"

对象	原诗（正面或直接）	原诗（侧面、间接或比喻等）
自己	1.帝高阳之苗裔兮，朕皇考曰伯庸。摄提贞于孟陬兮，惟庚寅吾以降。 2.名余曰正则兮，字余曰灵均。 3.纷吾既有此内美兮，又重之以修能。 4.忽奔走以先后兮，及前王之踵武。 5.亦余心之所善兮，虽九死其尤未悔。 6.屈心而抑志兮，忍尤而攘诟。 7.民生各有所乐兮，余独好修以为常。 8.伏清白以死直兮，固前圣之所厚。	1.惟草木之零落兮，恐美人之迟暮。 2.乘骐骥以驰骋兮，来吾导夫先路。 3.汩余若将不及兮，恐年岁之不吾与。
君王	1.不抚壮而弃秽兮，何不改乎此度？ 2.昔三后之纯粹兮，固众芳之所在。 3.彼尧舜之耿介兮，既遵道而得路。 4.何桀纣之猖披兮，夫唯捷径以窘步。 5.荃不察余之中情兮，反信谗而齌怒。 6.指九天以为正兮，夫唯灵修之故也。 7.余既不难夫离别兮，伤灵修之数化。 8.怨灵修之浩荡兮，终不察夫民心。	既替余以蕙纕兮，又申之以揽茝。
奸臣	惟夫党人之偷乐兮，路幽昧以险隘。	1.众女嫉余之蛾眉兮，谣诼谓余以善淫。 2.固时俗之工巧兮，偭规矩而改错。背绳墨以追曲兮，竞周容以为度。 3.鸷鸟之不群兮，自前世而固然。何方圜之能周兮？夫孰异道而相安？ 4.宁溘死以流亡兮，余不忍为此态也。
百姓	1.长太息以掩涕兮，哀民生之多艰。 2.怨灵修之浩荡兮，终不察夫民心。	

表3 《离骚》两个节选文段内容"二级分类"

方式	原诗（积极情绪）	原诗（消极情绪）
直接	1. 帝高阳之苗裔兮，朕皇考曰伯庸。（古帝后代，自豪） 2. 名余曰正则兮，字余曰灵均。（名、字，自豪） 3. 纷吾既有此内美兮，又重之以修能。（自我赞赏，自豪） 4. 芳与泽其杂糅兮，唯昭质其犹未亏。（自我赞赏，品质高洁） 5. 虽体解吾犹未变兮，岂余心之可惩？（自己） 6. 彼尧舜之耿介兮，既遵道而得路。（期待君王） 7. 余固知謇謇之为患兮，忍而不能舍也；指九天以为正兮，夫唯灵修之故也。（为江山、为君王，表忠心） 8. 亦余心之所善兮，虽九死其尤未悔。（自己） 9. 屈心而抑志兮，忍尤而攘诟。 10. 民生各有所乐兮，余独好修以为常。（自己） 11. 伏清白以死直兮，固前圣之所厚。	1. 惟夫党人之偷乐兮，路幽昧以险隘。（害怕） 2. 荃不察余之中情兮，反信谗而齌怒。（失望）（君王） 3. 余既不难夫离别兮，伤灵修之数化。（伤心）（君王） 4. 怨灵修之浩荡兮，终不察夫民心。（埋怨）（百姓） 5. 何桀纣之猖披兮，夫唯捷径以窘步。（君王） 6. 岂余身之惮殃兮，恐皇舆之败绩。（害怕）（君王） 7. 初既与余成言兮，后悔遁而有他。 8. 不抚壮而弃秽兮，何不改乎此度？
间接（比喻）	1. 乘骐骥以驰骋兮，来吾导夫先路。 2. 宁溘死以流亡兮，余不忍为此态也。 3. 汨余若将不及兮，恐年岁之不吾与。	1. 众女嫉余之蛾眉兮，谣诼谓余以善淫。（怨恨） 2. 固时俗之工巧兮，偭规矩而改错。背绳墨以追曲兮，竞周容以为度。 3. 鸷鸟之不群兮，自前世而固然。何方圜之能周兮？夫孰异道而相安？ 4. 既替余以蕙纕兮，又申之以揽茝。

再看学生根据上面两次"分类"推断出的结论：

通过两次"分类"可以推断：屈原对自己的出身及志向，绝大多数是带有积极情绪的。他用积极的态度表达自己的政治抱负，似乎更是想让君王看到自己的优秀之处；而对君王的积极情绪则更是一种期望：列举了尧舜等贤人，希望楚怀王能做到像他们一样。可现实一步步打击着屈原：与"党人"的竞争失败，楚怀王的冷落，最后被放逐，屈原的政治抱负想要实现变成了一个不可能的事情。因此，屈原在后面一段文字里就表达了一种失落与无奈。屈原伤心的不仅是楚怀王的冷落，还有心中"美政"的落败，更是对江山社稷与百姓未来的忧愁。

尽管学生这样的分类在有些地方还不足，但推断出的结论还是精准、到位的。其实，"思考力"取决于思考者掌握思考"对象"相关信息量的多少（大小）。如果没有足够的"知识"或信息量，就不可能产生正确的思考活动；如果找不准思考的"着力点"（如"积极情绪"和"消极情绪"的"二级分类"），就会精力分散、思维紊乱，出现"东一榔头西一棒子"的现象，思考就会停留在事物的表面，无法深刻地认识和把握事物的本质。一句话，思考需全面而清晰，推断才能够有力量。而这种工具、技能的获得，也一定需要教师的精心指导，学生的不断磨砺和反复训练，长时间后方能形成习惯或能力。

3. 表达力

所谓"表达力"，是指学生的语言运用和学术写作的能力。它应该包括表达类、表达量、语言表达方法、文章表现形式等基本内容。

说到"表达类"，这与"文章表现形式"在意思上还有部分重叠，我们先合并作一处来解说。

除了学生在专题学习或整本书阅读过程中自己学习写作诗歌、小说、戏剧和散文（杂感）等文体，我们偶尔也会在整个学习的前段或中段，让学生写一些小片段，如"读《诗经》"专题写诗意想象文等。但这样前中段的小写作不是我们这种语文学习的主旋律和总目标。为此，在中段以前，我们并不一定就要安排学生的写作活动（写作是一件要有"大动作"的事情），但会设计一些非写作但对加深理解作品有作用的活动，如诗文诵读、质疑讨论、主题辩论、阶段小成果展示等。我们的"兜底"要求是要让学生写"小论文"或学写学术论文这样一类的文章。因为进行这样的学习，写和不写论文，结果会大不一样。具体到"文章表现形式"的类型，在高一上学期，我们就开始要求学生练习写作直接论述形式的评论文；到高一下学期至高二上学期，除了要求他们练习高一上学期的论述形式，也开始有意识地要求他们练习写作通过论辩形式来发表自己见解的评论文；再到高二下学期，则一定要他们接触并适当练习写作综述型的评论文。当然，越往后难度就越大，压力也会更大。关于这一点，我们在"第九讲"里还会提到。

再从"表达量"看，口头表达如讨论课、辩论赛、朗诵会等，主要是观察学生的表达频率或次数。由于每一位学生的个性、性情等不一样，这一点便不好做出准确的界定或评价。教师主要要做的事情是，对发言多的学生有所限制，对发言少的学生多给一些鼓励或机会，要告诉学生口头表达对一个人一生发展的重要性等。而书面表达，我们则有更具体的要求，如学生论文字数，高一上学期达到两千字以上，高一下学期达到三千字以上，高二上学期达到四千字以上，高二下学期达到五千字以上。实际上，在高一上学期，部分学生就远超两千字，到了高二下学期，学生写上个六千字至一万字的人数能达到全员的三分之一。写作重点不在于字数长短，而在于文章的质量。学生论文质量表现如何，我们在"第九讲"里会具体呈现，此不赘述。

下面，我们着重讲讲"表达力"中最关键的一项内容，即"语言表达方法"。当中，也连带讲一下"文章表现形式"。

学生的论文写作，"语言表达方法"主要要用到复述、转述、描述、概述、举例、解释、说明、论证、阐析、归纳、概括、评价、推断等。如在高一上学期，就要求学生有意识地学习复述、转述、描述、概述、举例、解释、说明等方法。同时，也开始学习运用论证、阐析、归纳、概括、评价、推断等方法。而"文章表现形式"中的结构、赋形也是从高一开始学习，以两千字左右的文章起步，逐步提高到三千字以上，再上升到五千字以上的长篇论文。其中，至少要掌握论文写作的两种表现形式：并列式和递进式。下面，挑出"复述"和"论证"两种方法指导学生习作的例子来做说明。

先说"复述"。简单地说，"复述"就是重复地加以讲述；具体来说，是指学生在理解、吸收和保持原意的基础上，将读到的内容尽可能原汁原味地讲述出来。在"小论文"或学术论文的写作过程中，学生常常要用到"复述"的表达方法。如学生在针对某一部作品论证到某一个问题之前，往往要将这部作品的故事情节或人物形象等做一些简单、大致的复述。且看《边城》整本书阅读一位学生的复述：

> 美丽、多情、善唱山歌的母亲，认识了一个茶峒军人。两人在白日里对歌，秘密地发生了暧昧关系。有了孩子后，这位军士如果逃走便会失去做军人的名誉，他服毒殉情；翠翠母亲也没有离开她孤独的父亲远走的勇气，羞惭、怜悯地仍守在父亲身边。小孩生下后，她到溪边喝了许多冷水死去，最终也为爱情殉情。

> 他们最终选择死亡乃是维护生命的尊严，死亡是他们自主选择的一种生命方式。然而，在当时的环境背景下，翠翠父母亲为什么不能结合呢？

学生在提出"翠翠父母亲为什么不能结合"的问题之前，复述了翠翠父母亲由相识到相爱、由相爱到为爱殉情的大致过程。由故事情节或人物形象的复述引出要论证的问题，这在论文写作过程中是学生经常运用到的方法。这种方法只要教师给出一两次示范，向学生稍加提示，他们便会在阅读时注意或留心，在写作时学习或模仿。

再说"论证"。概括地说，"论证"是指提出自己的观点后，对其加以证明，使其得到证实的一种方法。"论证"是一个宽泛的概念，有时候，几种不同的方法作者会混合在一起使用。我们要求学生学习的论证方法主要包括举例、引用、演绎、归纳、对比、比喻、因果等。在论证的过程中，学生必须有目的、有意识地运用各种论证方法，这样，才能够有效证明自己的观点。从学生阅读和写作实践中我们了解到，在以上各种论证方法中，他们最难掌握的就是演绎推理法，即简单命题的直言推理（"三段论"）和复合命题的联言、选言和假言推理。关于高中生学习这些论证方法，我们并不是要他们专门去学习逻辑学课程。尽管我们也会向学生推荐彭漪涟、余式厚的《写给中学生的逻辑学》一书，也会让他们在课堂上阅读和思考这本书中有关章节的内容，但我们更注重的是要学生观察别的作者和自己在写作过程中所得出的结论是否符合逻辑。且看"读《诗经》"专题学习一位学生在习作中对《采薇》一诗的一段推理论证：

从诗中"岂敢定居"和"象弭鱼服"两句来看：

"岂敢定居"指的是在与狎狁的战争中屡屡获胜而不能一直定居，要防范又要围剿，这就表明这一支部队人数不能太多。一来人数太多会使移动不方便；二来人数太多会被敌军轻易察觉。既然这是一支能在战争中屡屡获胜而人数又不多的部队，就可以得出这样的结论：他们是一支精英之师，将为王室征伐直到失去价值。

"象弭鱼服"的解释是"用象牙镶饰弓，用鱼皮做箭袋"。我们知道，当下象牙是一种十分名贵的材料，那么古代呢？张洁在《论中国古代的象牙制品及其文化功能》回答道："随着等级制度的确立，象牙制品逐渐成为珍贵物品，为奴隶主贵族所追求。"（出自《中州学刊》2009 年第 5 期）《韩非子·说林上》说："纣为象箸而箕子怖，以为象箸必不盛羹于土铏，则必将犀玉之杯。"明确记载了象箸成为上层社会的奢侈品的事实，而"纣为象箸"也成为后世臣子劝谏君王切勿奢靡的力证。考古发掘材料显示，在大量珍贵的商代遗物中，象牙、象骨制成的生活装饰品与器皿是常见的，如著名的殷墟妇好墓中出土的 3 件象牙杯，都是商代工匠制作的珍品。随着社会的发展，周代手工业所用的"八材"之中，象牙已经位居其中。《左传》中"象有齿以焚其身"即反证了时人对象牙制品的需求而导致了大象的生存危机，甚至出现《韩非子·解老》中记载的"人希（稀）见生象也，而得死象之骨，案其图以想其生也"的状况。由此可见，象牙是上层社会的奢侈品，在这首诗中却被用于军事。那么，可以这么说，这一支部队是精英中的精英，是王室所重视的部队。

学生的这段推理论证很容易简化为两个推理公式。但公式归公式，公式是可以把前提、结论排列得整整齐齐、一丝不差的。而无论是在交际过程中还是在著文论述中，我们运用语言来表达推理时，都不会像公式那样，往往是有所省略、有所简化，有时也可以前后（前提与结论）颠倒的。否则，我们的语言交流和文字著述就会显得十分呆板而毫无文采了。总之，学生这样的"观察"学习要常做。教师要提醒学生在阅读和写作的时候，应时时关注别人阐述和自己论证时是否符合逻辑推理。而且，从"读"的类型到"写"的类型，不少学生固然可以自我习得，但教师要向学生做分类、明级、归纳、整理、提示等工作，让学生也能够在明确文章"类""级"的基础上努力"进阶"自己的"表达力"。这样，两年下来，学生的语言运用和学术写作的能力就会有极大的提高。

二、学生其他能力的"两年进阶"

之所以把其他能力放到语文能力之后作为重点来说，是因为我们这样的语文学习与之有着一种极其密切的关系。这些其他能力，会在学生两年时间的学习"进阶"里，一直贯穿在整个专题学习或整本书阅读的全过程。

下面，我们就从专题学习或整本书阅读的课程量，课程+互联网之后的学习环境变化，全程举办或开展的多种多样的学习活动等方面切入，来具体谈谈我们培育其他能力，即管理力、行动力、专注力和意志力等的一些想法和做法。

1. 管理力

这里说的"管理力"，是指一个学生对自己学习进行管理的能力。其中，又特指在网络环境下学生对学习内容、学习时间、学习行为等进行自我管理的能力。

先说内容管理。

专题学习或整本书阅读的课程量很大。这一点，在"第二讲"里，我们提到过一个观点："少即丰富"（也说"少即是多"）。"少即丰富"并不是指数量上的少、内容上的寡淡和形式上的单一，而是指思想上的丰厚、内容上的集中、形式上的简约和效率上的高效。

那么，面对如此丰厚而又集中的课程内容，再加上网络平台的开放与便捷，学生怎样管理这么多的学习内容呢？有人会说，不是有教师一个个学习"课段"任务的设置和整个学习进程的时间安排吗？是的，但这只是教师对课程学习进行管理的一种"预设"方式，换成学生的具体学习时可能就不完全是如此按部就班。为此，在学生进行课程＋互联网的学习时，我们事先就得向学生说明，可以对教师设置的课程内容做出自己的分配或调整。如"读莎士比亚"专题，教师布置阅读原作《罗密欧与朱丽叶》《哈姆雷特》及观看影视作品。是先读剧本，还是先看电影，学生可根据自己的实情自行选择和合理安排。接着，我们要告诉学生，面对思想丰富、厚重但也可能深奥的学习内容，可采取"不读""跳读"或者"存疑"（把疑惑的问题单独设置一个文件夹保存起来）的方法。你"此时"不懂、不解，不等于你之后就不懂、不解。你之后的阅读也许就有助于理解这之前的困惑。最后，我们得教会学生如何根据学习目标，对自己感兴趣或认为有价值的信息、"知识"等进行检索、下载（复制）、梳理、分类、提取、归档和储存等。

再说时间管理。

课程＋互联网之后，其丰富、厚重的内容会给学生的学习时间带来巨大改变。如我们的专题学习或整本书阅读，就有三分之二的时间会在互联网环境下进行。而且在进行这样的学习之前，教师也会对学习时段（课时、"课段"）做一个大致的安排和限制，如每周六节课，课时安排每天两节课"连堂"，共计90分钟；每部分学习内容（"概述浏览""原著精读"等），"课段"安排几节甚至十多节课。但面对着这样一个开放、共享、即时、交互的互联网世界，要学生做到心无旁骛地学习，还是充满了挑战。怎样让充满好奇心和求知欲，可心智又尚未完全成熟的高中生，在网络上做到合理安排、分配、使用好自己的学习时间呢？我们的具体做法是：其一，只针对个别在网络教室里做非课程内容事情的学生短时间地使用"服务控制器"。控制要慎用，慎用是尊重，毕竟是网络学习，大多数学生网络开放，而"这一位"却不能上网，不公平；再说，上不了网，思路、思维怎么打开？思辨性学习怎么进行？批判性思维又如何建立？其二，要观察学生上网情况，及时提示学生学习内容所剩下的时间，善意提醒他们要珍惜时间，要加快学习速度。其三，要告诉学生，尽管在网络上有很多新奇有趣的资讯、游戏或逸事等，但专题学习或整本书阅读则是一种能获得新知的更高级的"游戏"（即网上"游学""求学"）。多用一点时间深入进去，就能够获得一种更高的智慧和趣味，会更有成就感等。

最后说行为管理。

互联网给学生的学习环境带来巨大变化，学习环境的变化又深刻影响着学生的学习行为。为此，在内容、时间和行为管理这三项中，我会特别强调学习行为管理的重要性。因为，不管学习内容再怎么丰富、开放，它都还有一个专题或"整本书"的范围限定；学习时间再怎么自由、自主，也都还有一个课时、几个课时或者"课段"的时段限制；但学习行为在网络环境下则有太多的可能性——学生容易在超文本、多媒体的网络学习中迷失自己，如有学生就控制不住要网上聊天或看与学习内容无关的讯息、视频等。这样，我们还得"摆事实，讲道理"，要告诉学生"每一种行为都会产生一定的结果"，"不同行为会有不同结果"，然后举例证明。总之，行为管理涉及一个学生在网络上对自己的学习行为能不能做到自我管控，能不能长时间地关注某一事物、事件、事实、"知识"等。而管控好自己的学习行为，就能带来很好的效果，取得很好的成绩或成就。

2. 行动力

什么是"行动力"？古人今人都有很多的说法，如"临渊羡鱼不如退而结网""业精于勤而荒于嬉，行成于思而毁于随""行动是治愈恐惧的良药，而犹豫拖延将不断滋生恐惧""没伞的孩子，必须努力奔跑"等。而我和学生有一两个字的约定口号，就是"干活儿"。什么是"干活儿"？我开玩笑说"干活儿，就是干了就能'活'，干了才能'活'"，"想要'活'得好，'活'出精彩，那就得努力'干活儿'"。其实，世间事，只要想做，就总有办法；而不想做，就总找理由。当然，"行动力"不是乱来。要有"行动力"，第一要制订行之有效的学习计划。第二要判断学习任务的轻重缓急。

第三要掌握学习的方法、窍门。第四要先"行动起来"。法国哲学家、教育家阿兰说："对于世界上任何学生，不是他所听，不是他所见，而只有他所做才是最重要的。"① 美国 Facebook（脸书）创始人马克·扎克伯格说："没有人从一开始就知道如何做，想法并不会在最初就完全成形。只有当你工作时才变得逐渐清晰，你只需要做的就是开始。"② 中国有一句古谚语："夜里想了千条路，早起还是卖豆腐。"就是说，想得再多，还得行动；只有行动，才会有成效和成绩；有了成效和成绩，你就有源源不断的动力。第五要每一天、每节课都在"行动"。每天进步一点点，积土成山，积水成渊。这样，两年下来，你就会成为一个雷厉风行，做事有成效、有回报，自己对自己满意的人。

3. 专注力、意志力

先说"专注力"。

"专注力"有人也称之为"注意力"，是指一个人专心于某一事物或活动时的心理状态。一个人的专注力受多方面因素的影响；专注力的缺失，常常是许多学习困难生的共同特点。有调查显示，学习成绩比较理想的学生，专注力表现优良会占到 69%；学习成绩不太理想的学生，专注力表现不良会占到 30%。而且这 30% 的学生，其专注力的问题可能会伴随他们一生，并影响他们未来工作的能力和社会的交往。而在我们的网络课堂上，据多次统计，专注力缺失的现象在刚开始学习的时候，也会占到 30% 左右。解决专注力不良有没有一些可行的方法呢？我们的解决之道是："干活儿"时，脑海里只能想着"这一件事"而忘掉其他一切与此无关的事，将自己的全身心——所有精力、所有思维都集中在"这一件事"上。具体措施有：其一，确定具体、明确的目标；其二，排除外界及内心的干扰；其三，不停留在学习内容的难点或困惑点上，继续向前，推进学习进度等。

再说"意志力"。

---

① ［法］阿兰.教育漫谈［M］.王晓辉译.北京：商务印书馆，2019：12.

② 职透社.扎克伯格哈佛演讲：没有人从一开始就知道如何做，你需要的只是开始［EB/OL］.https://kuaibao.qq.com/s/20191020A00B7G00?refer=spider，2019-10-20.

较之前几种能力，"意志力"是一个人在生活中逐步形成且比较稳定的性格特征，是一个人"人格"中重要的组成部分。换言之，人要想获得成功，必须要有意志力做保证。那么，什么是"意志力"？我们认为，是指一个人能自觉地确定目标，并根据目标来支配、调整自己的行动，努力克服遇到的各种困难，从而实现目标的品质。

人的意志力不是与生俱来的，而是在各种实践活动中逐渐培养或锻炼出来的。处于专题或"整本书"+互联网的学习环境下，可以说是一个最考验学生意志力的试验场或者主战场。能在这一场域下把这一能力培养好，会对人的一生产生重大的积极的影响。而针对意志力的训练，说实话，并没有什么灵丹妙药，有的是外在的、客体的课程尽可能地新颖和富于挑战性，活动设计尽可能地丰富多样和富于启发性。剩下的就是教师不断提醒或告诫学生：一要目标明确；二要积极主动；三要排除干扰；四要痛下决心，坚持到底。其中，第四条尤为重要。因为不少学生在遇到困难和挑战时，早早就坚持不住而放弃或"投降"了。此时，教师要告诉学生，学会求助，求得老师或他人帮助渡过难关等。

总之，在我们专题学习或整本书阅读的"两年进阶"中，以上的语文专业能力及其他能力，往往是相互关联、相互纠结、相互制约、相互影响又相互作用的。从学生升学或工作之后反馈的信息可以看到，很多学生对我们当年说过的话，如"干活儿""想得明白，才说得明白、写得明白""每天进步一点点"等都记忆犹新，久远难忘。而意志力的培养，主要不是靠教师教导而获得，而是靠学生自己体验而逐渐形成的。

三、能力表现的表格评价及问卷调查

1. 表格评价

按一学期一迈进，四学期四"进阶"的要求，我们每学期设计一个专题或"整本书"学习能力评价表格来进行测评。用意是让学生观察一学期来自己的学习表现，如学生围绕"能力"系统（分类、比较、推理、判断、论证

等）和"目标"系统（发现问题、提出问题等），举出详例，运用描述性语言来评价自己学习能力的达标情况（见表4，表5）。

表4 高一上学期学生语文"能力"系统达标情况评价

能力	大致行为	具体行为、方法或活动	举例并描述（700字以上）
阅读力	阅读和梳理	分类（含"多级分类"）、统计、排序或列表（含"思维导图"）等	
思考力	鉴赏和探究	观察、审视、聚焦、放大、比较、辨别、假设、想象、预测、联想、质疑、推理、判断、确认等	
表达力	表达和交流	复述、转述、描述、概述、举例、解释、说明、论证、阐析、归纳、概括、评价、推断、结构、赋形等	

表5 高一上学期学生语文"目标"系统达标情况评价

"靶标"	目标层进	举例并描述（不少于1000字）
发现问题	提出问题 ⇩ 分析问题 ⇩ 解决问题	

当然，具体到一个个专题学习或整本书阅读时，还可以细化。如我们依据学段要求和学习材料特点等，设计出每一个专题学习或整本书阅读的"三维目标"（详见"第三讲""读《诗经》"专题学习和"第五讲"《雷雨》整本书阅读的"三维目标"，特别是"思维目标"的具体要求）。至于其他能力的达标情况，则主要从学生每一次学习之后的"回顾与反思"中去了解（详见"第二讲"中的"回顾与反思"举例）。

2. 问卷调查

在每一学年，我们还会设置一次集中的问卷调查，其内容与学习能力评价表格还不一样。下面，给出高二年级学习结束的一份调查问卷来说明（见表6）。

表6　网络环境下专题学习或整本书阅读调查问卷①

1. 调查对象 深圳市新安中学（集团）高中部高二（16）班全体学生。
2. 问卷时间 2007 年 6 月 28 日。
3. 问卷要求 回答可褒可贬，但要求真实、客观。
4. 问卷内容 （1）与传统课堂教学以老师讲授为主的接受性学习相比，你对我们进行的网络学习有什么想法或看法，意见或建议？ （2）你认为网络学习要求的论文写作，与考试的话题作文写作有矛盾吗？在目前的情况下，两者如何较好地结合，你能给出什么好的意见或建议吗？ （3）有人认为网络学习应该分学习小组进行，也有人认为高中生应独立思考，学习小组可有可无。对此你的看法如何？ （4）除了老师设定的课程学习，你认为我们还可以加入哪些专题或"整本书"进行学习？如有，你试写几个。 （5）网络环境下的专题学习或整本书阅读，既有开始老师设定的课程，又有同学们围绕课程内容搜集、加工信息；既要同学们上网检索文献资料，又要大家在研究过程中自己确定研究方向，即定向、拟题并最后写成文章，还要同学之间互相评价成果等。请你写下自己或最成功或最失败或印象最深刻的一次学习体会。（要求：不少于200字，不超过800字）

问卷下发60份，收回59份。下面是对问卷的数据统计及答问举例（见

---

① 本调查问卷双管齐下：一方面以纸制材料形式下发，为的是保证没有时间或不方便使用电脑的同学能够填写。另一方面安排同学们在"网友评论"栏中以网名发表自己的看法。

表7）：

表7　调查问卷数据统计及答问举例

1. 对这种"课程＋互联网"的学习方式的体会

　　数据统计：

　　认为能够极大引发学习兴趣的有58人；认为能够让自己学会思考的有48人；认为能够让自己自主学习的有52人；认为在学习过程中所获甚多的有43人。

　　答问举例：

　　我比较喜欢网络学习的方式。较之于传统课堂，这种教学更能引发学生的学习兴趣，学生并不是一味地接受知识，而是自己主动寻找资料，而且网络学习的自由度更高，学的知识往往比老师教的更多。（学生：庄楚雯）

　　经过一年半的网络学习，收获确实不少。在浩瀚的知识库面前，无论是我的肢体还是脑瓜子都很主动，我体会了在家主动搜寻知识的乐趣，获取的知识在网络面前得到无限伸展。（学生：肖桂燕）

2. 对传统课堂接受性语文学习和网络环境下的语文学习优劣比较的看法

　　数据统计：

　　认为网络环境下的语文学习优于传统课堂接受性语文学习的有46人；认为传统课堂接受性语文学习优于网络环境下的语文学习的有3人；认为既要有网络环境下的语文学习又要有传统课堂接受性语文学习，两者应该较好结合的有53人。

　　答问举例：

　　网络学习是对传统教学的一个重大突破。我在高二一年学到的语文知识比以往任何一个学年所学都丰富得多，思想的蜕变也比以往快，更趋向于成熟。网络学习扩大了我的知识面，我得到的不仅是知识，更重要的是思想深度。对网络学习我有两点建议：第一，一个星期留一节课让同学自主发言。第二，这种教学只在自律性强的集体进行。（学生：王昊然）

　　印象中传统课堂教学，老师讲的内容很僵化，一般认为让学生记住了就基本掌握了。而且老师的输入方式很教条化，似乎只有学生讲的答案跟教案一样才是标准答案。而网络环境下的语文学习，则可以让学生在更大的知识背景下，自主讨论有关问题，并不会拘束于组织或形成所谓标准答案，这样有利于学生渐进式的思想修养，还能让许多平时不太敢在课堂上发言的同学也参与到思想的碰撞中来，扩大对语文知识感悟、掌握的受益面。（学生：陈培鑫）

3. 对独立思考和合作讨论不同学习方法比较的看法

数据统计：

认为不需要合作讨论学习的有 41 人；认为独立思考和合作讨论两种学习方法应该结合的有 18 人。

答问举例：

我觉得分组并没有多大的意义。首先，作为一名高中生应具有独立思考的能力。其次，每个同学的知识是有限的，讨论的结果想必收获也不大，而在网上搜索资料，自己不断地钻研，收获会更大，还锻炼了自己独立思考问题、解决问题的能力。（学生：张译尹）

应独立思考。因为每个人都有自己的想法，与别人一起讨论会受到别人的影响，变得人云亦云，缺少思考，且以后学习、考试、工作中，独立思考是很重要的。（学生：林靖）

我认为可以两者相结合。应该培养学生独立思考的能力，形成自己独特的思想、风格。但学习小组则可以促进同学之间的交流，也可以对一些有争议的问题进行讨论、研究等。（学生：叶星）

"独学而无友，则孤陋而寡闻"，吴老师的这句话让我记忆犹新。我认为，分小组进行学习，是同学之间进行思想交流的一种最好的方式。每个同学的思想深度各有深浅，讨论能给予我们思想的触动与冲击，更能引领我们思想的感悟和升华。（学生：肖桂燕）

4. 对教师管理和学生自我管理的看法

数据统计：

认为教师要加强学习进程和时间管理的有 23 人；认为学生要学会自我管理、自我约束的有 16 人。

答问举例：

我觉得，进行网络学习，自律性一定要强，而且要有敏锐的洞察力，时间要分配好。如我花一通宵写一篇高质量的文章，比起别人几个星期才"挤"出一篇效果要好得多，用时也少得多。（学生：王昊然）

在网络学习刚开始时，很多同学在课上浏览其他网站或玩游戏。后来，在老师的指导下才逐渐进入正轨。（学生：叶星）

5. 这种学习方式对非智力因素（如自信心、毅力等）的影响

答问举例：

这一年半来，我意识到自己的视野是非常狭隘的，我也明白了写作不仅是为了考试，更多的是在磨炼我们的意志。我还学到了一点——钻研的精神。不管我们做什么事都应该专注，要么不做，要么就做到底。（学生：张译尹）

　　专题学习的"专"，整本书阅读的"整"，让我懂得想问题是可以一步步挖掘的，集中一处，选定一条"绳索"，刨根问底地直往深处挖，这是文章和个人思想获得深度的根源所在。"绳索"的选定需要排除一切"杂枝"，选准后就发扬死缠烂打、寻根刨底的"老人精神"（《老人与海》）。在这方面，我认识到，做人做事就应该专一，就应具备这方面的精神和能力，这是我受益终身的巨大收获。（学生：肖桂燕）

6. 认为还需加入的符合中学生年龄特征、兴趣爱好等的专题学习或整本书阅读
　　答问举例：
　　第一，研究非文学领域的艺术伟人，如肖邦、贝多芬等，了解其艺术人生及艺术作品，写出感受。第二，适量研究社会焦点、热点，但时间只适宜两个星期左右。（学生：王昊然）

　　我觉得我们所做的专题或"整本书"几乎都是中国文学经典，是否也多开些西方文学经典呢？可以研究一下托尔斯泰的作品、普希金的诗，甚至是一些音乐家、音乐背后的故事。我觉得语文是为了收获而学习的，知识丰富点好。（学生：邱玉婷）

7. 对探究方法、过程，对阅读方法、表达方式等的心得体会
　　答问举例：
　　让我印象最深刻的是"读《楚辞》"专题。那是我刚接触专题学习和整本书阅读不久，对一切都很好奇，每堂网络课我都充分利用。我搜集了大量学习材料，一有空就看看，只要有灵感就记下，写在哪儿都行，有时写在草稿纸上，有时写在便笺本上。很快，文章的体系慢慢浮现出来，我又用了一个晚上进行思考与整理，为了使写作的文章思想深刻些，我特别将最后定稿的时间安排在深夜，一边听古典音乐一边思考，写了个通宵，于是大功告成，写完后自己也不亦乐乎。（学生：王昊然）

　　直到高一下学期的后半段，我才有意识地主动进入专题学习。第一次获得成功的学习，也是第一次全身心投入的习作，便是从鲁迅笔下的《伤逝》中体会得来的。此次学习，我在网上搜索了许多有关《伤逝》的学习材料，将这些材料进行对比后，重要的环节便是要嚼烂书本，在学习中得到的最宝贵经验也在于此。随后，我很细心地深入文本，习作上几乎全是我的圈圈画画写写。读透书本后，文章的题目、框架、内容也就基本成形，再加上自己的语感，初稿也就出来了。由于那是我认真付出的习作，不放心也不愿失败，初稿出来后我还给一些同学征求意见、相互讨论，最后修改并抄正，一篇关于爱情小说的习作就算成功了。这次成功激发了我的学习热情。（学生：陈培鑫）

8.进行网络学习的论文写作与考试的话题作文写作是否有矛盾

答问举例：

我觉得专题学习或整本书阅读对问题的研究更为深入，自然记忆较深刻，运用起来亦较灵活，不会讲了就忘了，考了就没了，对自身或是考试都有较大的帮助。（学生：李凯珠）

总体来说，并不矛盾。因为专题学习是一个积累的过程，是一个锤炼思想的过程。当我们研究到一定层次，就可以厚积薄发，话题作文也不在话下了。（学生：王昊然）

专题和"整本书"内含有许多话题。个人认为，能否选一个符合自己写作的话题是专题学习的成败关键。我觉得学习专题学到点上还是写话题作文。所以，专题是话题材料的积累，合理地利用专题所得，在话题作文上会有显著的效果。（学生：邱玉婷）

9.总评褒贬

答问举例：

高二这一年，吴老师带我们接触了20世纪中国伟大的戏剧大师曹禺的《雷雨》，一场爱最终以痛心疾首的悲剧结束。阅读了屈原，伟大的诗人最终是君主的附庸。老师引领我们又走进海明威和他的《老人与海》，终于知道什么是男人的真正典范。重读鲁迅先生，让我们这些"苟活者"再一次看到微茫的希望……虔诚地仰望这些充实而饱满的灵魂，在每一个大师流光溢彩的世界里，我所感受到的、收获到的无法用言语简单概括。但愿这样的学习方式不会结束。但愿老师还可以引领我们走进莎士比亚、卡夫卡、托尔斯泰、蒲宁、《红楼梦》等等。重温文学史，其实是在向大师逐一敬礼。（学生：余惠惠）

我的知识体系是通过这两年的专题学习和整本书阅读构建起来的。这里所说的知识体可以从几个方面加以说明：第一，思考问题的方式。我学会从多方面延伸，多角度扩展，从而使得主题阐释完美，文章架构协调。第二，写作方式。我真正地懂得了主题思想深度的重要性，所以每一次写作就是我的思想的进一步升华。第三，语言表达。我学会了语言写作的严密性和个人化，而不是措辞的华丽和照搬照抄。（学生：肖桂燕）

什么是"学情"？这便是"学情"。什么是"进阶"？这就是"进阶"。这样内容广泛的调查问卷，不仅能让我们看到学生成长的方方面面，如知识的积累、语言的运用、思维的磨砺、精神的陶冶与人格品质的锤炼等，而且也给我们教师很多启发和思考。这样的问卷，不仅是学生在"进阶"，也是作为语文教师的我们在"进阶"。它让我们看到了学生的诉求、困惑与期待，让我们不断反思、修正课程内容和教学行为，及时校准评价方法，让我们有勇气走向"明天"。

四、结语

总之，要促进或评价一个学生的语文能力和与之相关的其他能力，都是很困难的。

从促进方面，首先，你得告知学生实现能力的具体目标和方向；其次，你要给出形成能力目标所需要付诸实践的"行动指南"。通俗地说，就是要人"干活儿"，得有"工具"；有"工具"有方向，就能成事。而从评价或评估方面，你不能只看重学生的自我评价就忽视了教师的外在评价（"师评"具有权威性）；你也不能只看重结果性或终结性评价就忽略了过程性或形成性评价。特别是在我们这样的专题学习或整本书阅读过程中，除了"兜底"要求，即要求学生最后写作"小论文"或学写学术论文这类终结性的文章，教师给出结果性评价，其余的大都是采用过程性或形成性评价，其中，还主要是采用学生自我描述性评价。因为在学习的全过程，我们观察到，"人"是情感相当丰富、复杂的高级"动物"，不能够简单地以精细化的数据做出评判，来确定他的成功与失败。否则，必定会给学生造成"三六九等""己不如人"的压力，让学生处于不安、焦虑甚至惊恐的境地，致使他们在中途就给"废掉"了。我们应该在学习过程中，让学生有安全感、信任感，充满热情、信心和希望，使他们一直奋勇向前；我们要帮助他们去奔赴或实现那带有结果性或终结性的光明的目标。

促进或评价也不应该过于烦琐和复杂。那些不是从实践、实际出发的过度或复杂的量化评价或评估，需要我们不断甄别、选择或调整到既不简单又不复杂的适中程度或范围，使之成为一种既"大道至简"又抓住核心、揭示本质的科学手段。最后，谨以《论语·雍也篇》中的一章作结（请注意"临其民"三个字，也可换成"临其生"，虽然有点旧时代色彩，但在实质上是人同此心，心同此理）：

原文：仲弓问子桑伯子。子曰："可也，简。"仲弓曰："居敬而行简，以临其民，不亦可乎？居简而行简，无乃大简乎？"子曰："雍之言然。"

今译：仲弓（冉雍，字仲弓，孔子弟子）问子桑伯子这个人怎么样。孔子说："还可以，办事简要。"仲弓说："为人严肃认真，严格要求自己，又办事简要，用这样的方法来治理百姓，不是也可以吗？（但是）为人随便，办事又简单粗率，（如果那样）岂不是太简单了吗？"孔子说："冉雍，你的话说得是对的。"

改换场域，转变方式，促进主动学习

——评述一个高中语文课程学习 + 互联网的案例

从本质上说，互联网技术就是一种我们搜集、存储、检索、分析、应用、评估或者传播信息的电子化工具。放到学习层面，直白地说，也就是一种信息技术手段的支持。

为什么会有这样的看法或认识？我们不妨对相关的现象做一些观察和思考。

你看，在今天，无论何时，身处何地，只要有电、有互联网在，我们就能够简单、方便、快捷地获取自己想要的资讯。然而，无论互联网处理、存储的空间有多大，传播、流动的速度有多迅疾，只要你还是一位真正、真实的学习者、记录者或传播者，就一定会明白：改变的仅仅是工具，不可改变的是我们人类认知、求知的思维方式和方法。互联网上的"知道"不等于实际掌握的"真知"。"真知"需要我们"有辨别，不自私"；需要我们"运用脑髓，放出眼光，自己来拿"。而从学生学习的层面上看，利用互联网技术支持，也就只是一个手段而已。它需要我们更多关注的还是学习的对象——"人"，是从"人"出发到"课程"，再到"课堂"，再回归到"人"这样一个成长、成就过程。所以，可以确认，互联网技术只是我们使用的诸多工具中的一种，只不过"这一种"比起以往其他的任何工具都要显得开放、多样、丰富、简单、方便、快捷……

也许，正是因为有了这种"工具论"的认识，我们便不会像一些商业或行业人士那样，把我们的学习也说成是"互联网+"，而只说我们的课程在"+互联网"。这不是一个孰前孰后的简单排序问题，这涉及一个孰轻孰重、谁主谁次、谁依附谁的问题。当然，我们还不会将我们的网络学习说成是一种很"过头"或者很时尚的"革命""变革"或者"革新"。但有一点必须肯定，这既然是一种可以彻底改变以往那种语文教学"生态"或习惯的工具，那么，我们在打破唯技术至上观念的同时，就一定要准确把握好语文与互联网之间的关系，正确、有效、合理、深入地把这一项技术运用到我们的语文学习当中。因为，在这近20年网络学习的日子里，我们最能真切感受到学生在这种语文学习环境下所发生的深刻的变化：那四通八达、随时随地都很容易获取的信息源，能给学生的思维带来巨大冲击；能让学生积极、主动地投入学习；能迅速地激发或催生他们很多的新思路、新思想；能让他们的观察能力、发现和解决问题的能力、思辨能力、语言逻辑性和学术写作能力，以及在网络环境下对学习内容、学习时间、学习行为的管理能力等，都得到巨大的提升和锻炼。一句话，"+互联网"能开创出语文学习的一片新天地。当然，我们还会清醒认识到，如果我们今天仍然没有办法改变这种以考试为主的评价或选拔人才的方式，要实现"语文+互联网"这样一种理想的学习状态，还将会有很长的一段路要走。因为，这已经不仅涉及信息技术本身的问题，还涉及一个比较复杂的、深层次的社会问题。

下面，我用《雷雨》整本书阅读+互联网这一案例，说明我们是怎样将一个课程与互联网相融合来改换我们的教学场域，转变我们的教学方式，促进学生在更广阔的语言环境下主动学习，从而实现我们确定的学习目标的。

一、设计先于学习

我们知道，任何一门学科的学习，教师的设计是先于学生的学习的。先于学生学习的设计这一具有"课程"性质的概念，既包括对"这一"内容、过程选题理由和学习目标的确定，也包括对"这一"内容、过程学习资源或材料的选定和配置，以及它们的呈现方式。至于在网络环境下，或者说是语文课程 + 互联网，那就更有其自身情境的特殊性。因为在互联网上，资讯铺天盖地，资源良莠不齐，教师不可能也不可以在自己毫无准备的情况下就将学生带入网络教室，任其信马由缰。为此，在决定做一个专题学习或整本书阅读时，首先，教师应考虑选这一个专题或这一本书的理由，也就是为什么要让学生做这一个专题或读这一本书；然后，教师应依据自己占有或可能收集到的学习资源或材料来预先确定这一次的学习目标。当然，无论是选题理由和学习目标的确定，还是学习资源或材料的选定和配置，学生在这一阶段的学情才是教师做出这一次决定的起点。

1. 选题理由

作为一部标志着中国话剧艺术成熟，也标志着中国戏剧发展进入一个全新的历史阶段的经典剧作，《雷雨》于 1934 年 7 月发表，从 1935 年 8 月到 1936 年末，短短一年多时间，在天津、上海、南京、武汉等大城市先后上演多达五六百场次。到了抗战时期，无论是大后方，还是抗日根据地，甚至是沦陷区，到处都在演出《雷雨》。新中国成立后，它更是成为每一个剧团的保留剧目，拥有着最多的观众。到 20 世纪 90 年代，《雷雨》改编成电视剧，也仍然引起了社会舆论的广泛关注……总之，《雷雨》问世以来，无论是读者、观众，还是学者、专家，对剧中的人和事，对剧作的地位、成就等的讨论，都成为经久不衰的话题。

然而，就是这样一部经典的话剧，学生仅阅读过选入教科书的著名的"周鲁相会"片段而没能够尽窥全豹，这不能不说是一个巨大遗憾。因为，如此一来，学生根本就无法深入探测或挖掘到《雷雨》丰富而深刻的思想内涵和人文价值，也无法理解作者对复杂人性揭秘的深度和广度，更无法领悟到它那精美绝伦、堪称艺术典范的完美形式，以及它在中国现代话剧史，乃至在整个中国戏剧史上特殊的地位和意义。为此，我认为很有必要进行《雷雨》整本书阅读，这对发展学生的思辨能力，提升他们的思维品质，培育他们的审美情感，以及丰富他们的精神世界等，都将起到不可估量的作用。

2. 学习目标

研究曹禺剧作的学者田本相说："《雷雨》所蕴含的深刻而广阔的人文主义关怀，对人生、对人、对人性的深刻思考和对人类命运的关怀，以及他对宇宙的憧憬，他有着他的哲学思考……《雷雨》树立起一个……以塑造性格为核心，创造诗意真实，讲究说故事，讲究穿插，讲究场面，既可读又可演的为中国人所情愿接受的话剧范式……在《雷雨》中，他是人性复杂的揭秘者和考察者，也是人性的深度和广度的探测者。"① 《雷雨》既然是一部作者有着自己"哲学思考"，有着对人性复杂深刻揭秘、考察和探测的作品，就一定能够在高二下学期②，为学生的思维从简单的思辨向复杂的思辨转变，提供良好的物质（文本）条件。据此，我们确定了学习目标（见表 1）：

表 1 《雷雨》整本书阅读的"三维目标"

三维目标	学习目标的具体内容
语言目标	1. 鉴赏《雷雨》人物个性化、富有动作性、含蓄准确以及讲究诗化意境的语言特色。 2. 学习评论文的语言表述，能围绕一个内容或议题（如叙事、结构、冲突、人物、主题、语言等）提出自己的观点，在深入对比、系统分析的基础上，运用缜密的语言进行推理和判断。 3. 写作"小论文"，在不断质疑、不断揭秘的过程中，能运用简洁、准确的语言，由此及彼、由表及里、有理有据地进行分析论证。
思维目标	1. 能发现并理解文本（含原作或评论文）中较为微妙、隐晦的信息；能利用文本中关联的信息，对文本内容进行假设、推理、比较；能在更高的层次（如社会、历史、文化等方面）分析、概括或评价文本所提供的信息。 2. 能对文本（含原作或评论文）做细致的分析和评价；能围绕一个内容或议题，在对比分析的过程中自己有新的发现、新的思考并做出合理、独到的判断；能超越文本的理解，用思辨的眼光来分析问题。

① 田本相. 曹禺探知录［M］. 北京：北京时代华文书局，2016：225—232.
② 统编高中语文教材将《雷雨》"周鲁相会"片段设置在高一下学期。

续表

三维目标	学习目标的具体内容
	3. 写作"小论文"，能从人物的关系中做分析；能联系社会、历史、文化等因素，将人物现在和过去的言行做对比分析；能与同一作品的其他人物做对比分析；能与同一时代其他作品的人物做对比分析。
价值目标	1. 感受《雷雨》中人物性格、命运所表现出来的人性困顿和人生悲苦。 2. 领悟《雷雨》中蕴含的深刻而广阔的人文主义关怀和人道主义精神，作者对人、对人生、对人性的深刻思考，对人类命运的关怀，以及对宇宙的憧憬。 3. 理解作者展示的这样一幅在封建等级意识、家族制度、婚姻观念下人性复杂多变的人生图画。克服人性的弱点，重视人间的真爱，借助人类理性的力量，善待他人，救助自己，匡正社会。

3. 选定学习材料

在《雷雨》整本书阅读＋互联网的学习过程中，教师所面临的最大困难是选定对原著进行基础性解读和挑战性研读的文章。这两类文章的选定，既考验着教师的阅读视野，也考验着教师的鉴别眼光，还考验着教师将教育对象与学习资源进行相互适应、匹配的对接能力。为此，选谁的文章，不选谁的文章，选哪些文章，不选哪些文章，选多少文章，选到一个怎样的程度（如文章的难易度、深广度，以及学生的接受度、适应度等），都很有讲究。为了使高二学生对《雷雨》整本书阅读的学习内容有一个整体、全面而深入的了解和认知，我们主要从以下几个方面选定文章。

（1）属于戏剧、话剧定义，话剧相关知识，中国话剧初期发展，话剧欣赏，作者生平及作品介绍等方面的文字或文章

具体包括：

第一组：《辞海》对戏剧、话剧的解释；话剧的主要特点（即以对话为主来表现人物矛盾冲突的一种舞台表现形式）；对剧本、台词、舞台指示、幕、三一律等名词的解释；中国话剧初期新剧（又称"文明戏"）、爱美剧等的发展过程；陈军的《谈话剧文学的欣赏》。

第二组：曹禺的《〈雷雨〉的诱惑》，田本相的《刻划人心灵的戏剧大师——曹禺》《〈雷雨〉写的谁家？曹禺与天津》《〈雷雨〉诞生记》。

理由或意图：

学习话剧欣赏相关的基础知识，了解作者及作品，整本书阅读《雷雨》，梳理全剧情节结构，理清剧中人物关系；在感受剧中"郁热逼人""令人窒息"氛围的同时，体会剧中人物性格、命运所表现出来的人性困顿和人生悲苦等。

（2）属于对原著进行基础性解读的文章

具体包括：

第一组：汤逸佩的《略论〈雷雨〉的叙事空间》，陈瘦竹、沈蔚德的《论〈雷雨〉和〈日出〉的结构艺术》①，潘克明的《也谈〈雷雨〉戏剧冲突的主线》，陈思和的《人性的沉沦与挣扎：〈雷雨〉》②，张生筠的《漫谈〈雷雨〉的语言艺术》。

第二组：邓红的《从人物关系解读〈雷雨〉》，汪坚强的《试论〈雷雨〉人物关系网的形成及其作用》，陈思和的《细读〈雷雨〉——现代文学名作细读之三》，李美皆的《陈思和〈雷雨〉细读之细读》，王富仁的《〈雷雨〉导读·第二幕赏析》。

理由或意图：

鉴赏话剧《雷雨》，主要应从叙事空间、结构形态、戏剧冲突、人物形象、主题意象和语言艺术等六个方面入手。为此，选定这两组共10篇基础性解读的文章，其目的在于要让学生明确鉴赏一部话剧所需知识的具体指向（第一组），如了解剧作的叙事空间和艺术结构，梳理剧中人物的冲突主线和复杂关系，鉴赏话剧的语言等。然后，借助专家、学者的文本解读（第二组）对剧作做进一步细读，以对自己既已形成的看法做再一次的修正确认等。

---

① 节选《雷雨》部分内容。

② 分上、下两篇上传至网络平台。

（3）属于对原著的某些重要议题进行挑战性研读的文章

具体包括：

第一组：钱谷融的《"你忘了你自己是怎样一个人啦！"——谈周朴园》，李家瑞的《从对待鲁侍萍感情的真伪谈周朴园性格的复杂性》，张金仲的《周朴园婚恋性格辩说——论周朴园与鲁侍萍的爱情》，王宏根、秦祖辉的《从"秩序"看〈雷雨〉中周朴园的意义》，童伟民的《谈周朴园对鲁侍萍的感情》。

第二组：丁罗男的《〈雷雨〉主题的多义性解读》，陈珊珊、李荣合的《爱欲与文明的冲突——〈雷雨〉主题新探》，殷杰的《〈雷雨〉中"雷雨"意象的意蕴》，王晓枫的《〈雷雨〉最初文本的结构、叙事和主题》，夏云的《蘩漪新论》，张玫的《漫谈〈雷雨〉中"最雷雨"的蘩漪》，庄园的《被逼疯的知识女性——对〈雷雨〉的蘩漪进行女性主义个案分析》。

理由或意图：

挑战性研读共两组文章。第一组围绕"周朴园是否真爱鲁侍萍？"的议题选文；第二组围绕"《雷雨》主题"和"蘩漪性格"的议题选文。锁定"爱情"和"主题"这极具争议的两个议题，通过对多位专家、学者的文章进行研读，运用排序、观察、比较、辨别、假设、想象、推理、判断、分析、综合等思维方法，发展学生发现问题、就事论事的能力，以及在纷繁复杂的事物之间建立起联系，在多维视角、不同视野下观照同一生活事件、社会现象和历史文化的能力。总之，研读这两组文章，就是要让学生的思维由简单向复杂转变。而为了实现这一目标，我会在下面"上传网络平台"一节，展示即时增补上传的与"爱情"议题相关的文章。

（4）属于学生习作导写类的阅读文章

一是选专家、学者的典范文章做示范，如王玉屏的《论周朴园形象的深层寓意》；二是选往届学生做《雷雨》整本书阅读的习作做示范，如陈柏全同学的《周朴园，你叫我如何评价你》。

理由或意图：

师生共同梳理、探究王玉屏文章的写作思路，可帮助学生提高定向、选题、选材、成文的写作能力。以往届学生习作为导写范例，既可给学生定向、选题、写作以借鉴，也可帮助他们克服畏难情绪。

4.上传网络平台

选定学习材料之后，接下来是将学习材料上传至网络平台，即课程学习＋互联网。在此，教师要做好四项工作：一是文章校对；二是内容排序；三是界面装饰；四是上传平台。这里着重讲一下前三项。文章校对是指学习内容（如文、图等）一般都做过一次校对或处理；内容排序是指学习材料排列的先后顺序，这要符合学生的认知逻辑和规律，即按作者、原著、基础性解读、挑战性研读和导写类阅读的顺序进行；界面装饰是指在总的"课程指南"或在各单篇文本链接的界面加入与作者、作品有关的若干照片或图片，使之形象直观，图文并茂。

下面，我们将2014年《雷雨》整本书阅读的课程内容，按上传至网络平台"一个界面"的先后顺序呈现如下（见图1）：①

第一课段：基础知识导读及背景资料泛读

（一）

《辞海》对戏剧、话剧的解释（进入链接）

话剧的主要特点（进入链接）

对剧本、台词、舞台指示、幕、三一律等名词的解释（进入链接）

中国话剧初期的发展过程（进入链接）

陈军：谈话剧文学的欣赏（进入链接）

（二）

曹禺：《雷雨》的诱惑（进入链接）

田本相：刻划人心灵的戏剧大师——曹禺（进入链接）

田本相：《雷雨》写的谁家？曹禺与天津（进入链接）

田本相：《雷雨》诞生记（进入链接）

---

① 课程内容上传至"一个界面"是指将课程内容的每一篇文本先单独上传为"一个界面"；然后依照课程内容的排列顺序，再集中上传为"一个界面"，即总的"课程指南"。假如有非文本类内容（如介绍作家、作品的视频等），可直接将其地址链接到这一界面的合适位置。这里仅具体呈现"学习过程"界面。

第二课段：《雷雨》原著通读，经典片段精读

说明：购买《雷雨》原著（含"序幕"和"尾声"）。

第三课段：基础性解读

（一）

汤逸佩：略论《雷雨》的叙事空间（进入链接）

陈瘦竹、沈蔚德：论《雷雨》和《日出》的结构艺术（进入链接）

潘克明：也谈《雷雨》戏剧冲突的主线（进入链接）

陈思和：人性的沉沦与挣扎：《雷雨》（进入链接）

张生筠：漫谈《雷雨》的语言艺术（进入链接）

（二）

邓红：从人物关系解读《雷雨》（进入链接）

汪坚强：试论《雷雨》人物关系网的形成及其作用（进入链接）

陈思和：细读《雷雨》——现代文学名作细读之三（进入链接）

李美皆：陈思和《雷雨》细读之细读（进入链接）

王富仁：《雷雨》导读·第二幕赏析（进入链接）

第四课段：挑战性研读

（一）议题：周朴园是否真爱鲁侍萍？

钱谷融："你忘了你自己是怎样一个人啦！"——谈周朴园（进入链接）

李家瑞：从对待鲁侍萍感情的真伪谈周朴园性格的复杂性（进入链接）

张金仲：周朴园婚恋性格辩说——论周朴园与鲁侍萍的爱情（进入链接）

王宏根、秦祖辉：从"秩序"看《雷雨》中周朴园的意义（进入链接）

童伟民：谈周朴园对鲁侍萍的感情（进入链接）

说明：安排一周时间进行这一议题的班级辩论赛。

下面即时增补上传相关文章。

梁凤仪：什么是爱情（进入链接）

李银河：爱情与孤独（进入链接）

《心理月刊》：爱情需走过的四个阶段（进入链接）

李子勋：关于婚姻与爱情的两则问答（进入链接）

［美］罗伯特·斯坦伯格：爱情三角理论（进入链接）

［奥］阿德勒：关于爱情与婚姻的论述（进入链接）

（二）议题：《雷雨》主题、蘩漪性格

丁罗男：《雷雨》主题的多义性解读（进入链接）

陈珊珊、李荣合：爱欲与文明的冲突——《雷雨》主题新探（进入链接）

殷杰：《雷雨》中"雷雨"意象的意蕴（进入链接）

王晓枫：《雷雨》最初文本的结构、叙事和主题（进入链接）

夏云：繁漪新论（进入链接）

张玫：漫谈《雷雨》中"最雷雨"的繁漪（进入链接）

庄园：被逼疯的知识女性——对《雷雨》的繁漪进行女性主义个案分析（进入链接）

第五课段：导写类阅读

王玉屏：论周朴园形象的深层寓意（进入链接）

陈柏全：周朴园，你叫我如何评价你（进入链接）

第六课段：延伸内化，深度体验

说明：学生排演《雷雨》片段。将班级成员分成三到五个小组，每个小组选取《雷雨》中某一个片段或某一段场次，利用课外时间进行排练，然后在班级或学校做一次汇报演出。

图 1　"学习过程"界面内容精选

将"课程指南"集中上传到网络平台的"一个界面"，有利于学生每一次进入网络教室，都能够迅速打开学习内容，包括学习理由、目标、过程，以及在这一过程中具体篇目的链接。网络学习因其具有资源开放、多样、丰富等特点，确实能够极大满足学生深入学习和深度探究的欲望，但也会出现一些不可控的情况，如个别学生在刚开始时并没有把心思用在学习上，而这就得花一点时间来加以改变。总之，这样的上网不能打无准备之仗，得把确定选题理由、学习目标，选定学习材料及上传网络平台这几件事做好。而在高中阶段进行这样的语文学习，我认为，就需要具有这样开放、多样、丰富的学习资源。如此，才能够促进学生思维能力的发展和思维品质的提升，才能够培养他们的探究能力、审美能力和创造能力。

二、过程重在创生

在"第一讲"里提到，创建好网络平台，并不等于就能应用好网络平台。网络学习，特别是高中生网络学习，从内容上看有一个特点，那就是"长文

（章）长时（间）"阅读。为此，学生的网络学习，就不是以一节课的课时为单位，而是以几节课、一周或几周的"课段"为单位，来对一两个议题进行集中学习，也就是每天两节"连堂课"，一周六节三次"连堂课"。所谓"课段"，也如前所述，就是由"一导四段"构成的整个学习过程，以及在这一过程中设计的学习任务或安排的学习活动。当然，在这一过程中，我们还会根据学生的现场反应，让学生或集中提问，或集体探究，或教师与学生做个别交流，或进行小范围引导，等等。总之，不像传统课堂要求全班学生按统一学习内容"齐步走"，而是依学生个人的学习变化而做出行动安排或行为调整。做到线上线下，"随学而教"，"因人而授"，让学生在自主学习、自我探究和自由表达过程中，不断迎接新挑战，创生新思维。

1. 导读、泛读

师生进入网络教室，登录学习平台，进入"课程指南"界面。其用意是：第一，教师引导学生初步了解《雷雨》整本书阅读课程学习的大概内容和所需要完成的六个步骤（"课段"）；第二，教师引导学生泛读与话剧有关的基础知识和与《雷雨》有关的背景资料。

这一课段的关键节点有两个：一是教师引导学生讨论整本书阅读《雷雨》和研读相关评论文章的作用、意义和价值；二是理解《雷雨》思想内容的撼动力和主题意蕴的丰富性。第二节点的具体做法，教师可以打开事先准备好的"名家评价"界面（见图2），与学生共同讨论。

> 我感动地一口气读完它，而且为它掉了泪。不错，我落了泪，但是流泪以后我却感到一阵舒畅，同时我还觉得有一种渴望，一种力量在我身内产生了。我想做一件事情，一件帮助人的事情，我想找个机会不自私地献出我的微少的精力。
>
> ——巴金《蜕变·后记》（回忆1934年初读《雷雨》的感受）
>
> 《雷雨》的确是一篇难得的优秀的力作。作者于全剧的构造、剧情的进行、宾白的运用、电影手法之向舞台艺术的输入，的确是费了莫大的苦心，而都很自然紧凑，没有现出十分苦心的痕迹。作者于精神病理学、精神分析术等，似乎也有相当的造诣……作者在中国作家中应该是杰出的一个。
>
> ——郭沫若《关于曹禺的〈雷雨〉》

> 《雷雨》就是这样一部艺术的杰作，当我们观看或阅读了这个剧本之后，不能不从整体上重新感受它、思考它。我们的整体的感受和思考永远不可能完全清楚明白地说清剧本的全部意义，但我们还是可以想到很多问题，思考很多问题的。
>
> ——王富仁《〈雷雨〉导读》
>
> 《雷雨》是一部具有世界性因素的作品，确有许多情节与世界文学名作相接近，但《雷雨》的独特性是不容忽视的，而恰恰在这些方面缺乏正确的评价和引导……中国现代戏剧史上，没有一个作品能够跟《雷雨》相比。好就好在，《雷雨》是一部说不清楚的作品。一部伟大作品必然是体现了人性的极其丰富性，那人性太丰富就说不清楚，正因为说不清楚，它才成为一部伟大的艺术作品。
>
> ——陈思和《人性的沉沦与挣扎：〈雷雨〉》

图2 "名家评价"界面内容精选

这一课段，一般情况下可控制在1课时。学生在完成两到三个专题学习或整本书阅读之后，用时还可以做适当压缩。

2.通读、精读

学生通读《雷雨》整本书，精读《雷雨》的第二幕（即鲁侍萍与四凤上场，至鲁侍萍与鲁大海下场片段）和第四幕（即鲁侍萍上场后"玉石俱焚"的最末一节）。其用意是：第一，对《雷雨》的思想内容和艺术形式有一个全面的理解；第二，为随后学生开展深度的探究式学习打下坚实的基础。

这一课段的关键节点有三个：一是要求学生概括全剧的主要情节，理清剧中的人物关系，这以布置"学习任务"的方式呈现；二是教师对学生提出的一些问题或困惑做具体的引导；三是要求学生用概括性或描述性的语言说出自己读完《雷雨》整本书后所受到的冲击或感受。

"学习任务"如：

（1）从《雷雨》剧前"人物""景"的介绍，我们知道，全剧一共才八个主要人物，场景也只限于周公馆的客厅和杏花巷十号鲁家的四凤屋内，时间不到24小时，可以说全剧的时间、地点、情节、矛盾都非常集中。通读《雷雨》整本书，仿照示例（见表2），概括第二至四幕的主要情节。

表2 概括第二至四幕的主要情节

四幕话剧	概括主要情节
第一幕	1. 三十年后夏天的一个早晨，周家客厅里，鲁贵向女儿四凤讲述三年前客厅"闹鬼"之事，四凤疑惑。 2. 繁漪受周家两代人欺凌，心情十分抑郁。四凤听凭周家老爷的吩咐，一边为这位抑郁的太太煎药，一边听父亲鲁贵叙述此宅闹鬼的内幕。并被告知太太想要见一见四凤的母亲。 3. 矿工罢工代表鲁大海为请愿的事，来到周家找矿主周朴园。 4. 周朴园逼迫繁漪吃药，繁漪痛不欲生。
第二幕	
第三幕	
第四幕	

（2）《雷雨》之所以一鸣惊人，关键在于作者将人物的命运安放在复杂的关系中。正是这种复杂的人物关系，不仅推动着整个剧情的发展，也让人物在这错综复杂的关系中不能自拔。为此，理清剧中的人物关系及矛盾冲突就成为理解《雷雨》的关键。通读《雷雨》整本书，请根据自己的理解，绘制一张主要人物的关系图（注明人物的具体关系）。

学生提出的问题或困惑及教师的引导如（见表3）：

表3 对"序幕"和"尾声"删或留的不同看法

不同看法		教师引导
有学者说，删去"序幕"和"尾声"的《雷雨》，不能迎合中国观众的审美趣味和欣赏习惯，不能赢得观众的信任感和认同感，不能发挥其现实警示作用，不能理解作家对人的生命存在的关注和对人类命运的思考。	学者王富仁说："删去这两幕戏是对的。这两幕戏不太像戏剧的结构方式，而更像小说中的倒叙手法。把人物后来的命运固定化也限制了读者或观众的想象空间，给这个剧本在事件之外确定了一个思想的基调。实际上，戏剧的结构就是事件的结构，事件已经结束，戏剧的结构也就完成了。"	主要看法：观众的审美趣味和欣赏习惯，都是可以加以引导或改变的。 具体过程：略。

读完《雷雨》整本书，要求学生用概括性或描述性的语言说说自己受到的冲击或感受，教师可引入学者朱栋霖回忆自己在高一时"夜读《雷雨》"的情景：

> 一连几个晚自修，我如饥似渴地读曹禺戏剧，《雷雨》的人物
> 与台词让我像着了魔，上了瘾。……《雷雨》的故事太复杂，太惊
> 心动魄了！……让 16 岁的我体验到另一个时代旧家庭中那些成年人
> 的爱恨交织的情感和复杂的心灵世界、种种孽伦的爱欲、惊世骇俗
> 的冲动、突发的异常思想与激烈情感。①

这一课段，一般情况下要用 6 至 8 课时。

3. 解读、研读

设置第三课段"基础性解读"，主要是想从话剧鉴赏的基础层面，帮助学生全面理解《雷雨》的思想内容和艺术特点；设置第四课段"挑战性研读"，主要是想从"爱情"和"主题"这两个议题，帮助学生发展出复杂的思辨能力。

第三课段的关键节点是：教师从话剧鉴赏的基础层面，精选出第一组共 5 篇文章。先布置"学习任务"，然后引导学生读懂这一类论证思维比较复杂的文章，同时也加深其对剧作从内容到形式各方面的理解（见表 4）。

表 4　精选 5 篇文章及对应的"学习任务"

篇　　目	学习任务
略论《雷雨》的叙事空间	这篇文章从"细致、逼真，物件与人物行为联系紧密""让空间成为推动剧情发展的动力之一""起到的那种细腻、微妙而且促动心灵的作用""创造一种超大的空间体验，以强化人物行动的力量和命运感"四个方面论述《雷雨》高度写实、集中的叙事空间。细读第一幕对周宅客厅里的摆设的文字介绍，就其中一个方面，谈谈你的理解。

---

① 朱栋霖. 曹禺：心灵的艺术［M］. 北京：北京大学出版社，2010：2.

续表

篇　目	学习任务
论《雷雨》和《日出》的结构艺术	《雷雨》"剧情开始的"最好"时机"，有"从三十年前周朴园勾引和遗弃梅侍萍开始"和"从三年前周萍和繁漪发生不正常的恋爱开始"这两种写法。曹禺采取了"从现在开始"的写法，即第一幕"交代三年前的事，到第二幕才揭开三十年前的帷幕"。阅读这篇文章，说说"从现在开始"写的好处。
也谈《雷雨》戏剧冲突的主线	这篇文章认为"繁漪和周萍这条冲突线自始至终是贯串着的"，"《雷雨》全剧的运动，正是主要由繁漪和周萍之间的'一系列平衡状态的变化'来推动进行"的。仔细梳理这篇文章的行文思路，说说作者主要运用了哪些论证方法来证明自己的观点。
人性的沉沦与挣扎：《雷雨》（上）	这篇文章把人物放置到人物关系当中设身处地地去分析评价，这样就避免了非好即坏、非正即反、非褒即贬的简单思维，凸显出人物、人性的复杂性和丰富性，如即便是文章小标题中没有出现的鲁贵、四凤两个人物，文中也做了极细致的分析。细读全文，从文中概括出作者对各个人物的性格评价。
人性的沉沦与挣扎：《雷雨》（下）	这篇文章运用了观察、排序、假设、推理、判断、比较、分析、综合、辨别等思维方法，如在分析"鲁妈这样的清高人品和刚烈性格，怎么会嫁给鲁贵这样平庸的人"时，通过观察、假设、推理和判断等得出"鲁贵虽然有很多缺点和令人鄙视的地方，但他是一个负责的父亲"的结论。细读"繁漪性格中的恶魔性因素"一节，看看作者在论述过程中还有没有这样的论证方法。
漫谈《雷雨》的语言艺术	细读这篇文章，领会作者从展示人物性格、富于动作性、推动情节发展三个方面品味《雷雨》的语言艺术。然后请上网查询北京人民艺术剧院《雷雨》的演出视频，观看并学习演员在舞台上的人物对话表演，再选取《雷雨》某个片段在班级开展一次人物对话的表演活动。

　　其实，《雷雨》一经问世，周朴园对鲁侍萍的"爱情"以及《雷雨》的主题所表现出来的复杂性和多义性，就成为争议最多、争论时间最长的两个议题。为此，在第四课段，首先，教师设置两组内容：第一组，研读周朴园对鲁侍萍的"爱情"；第二组，研读《雷雨》主题的复杂性和多义性。其次，

教师从这两组文章中，各精选出 3 篇观点不同或思想各异的文章，要求学生思考"助读"中提出的问题，完成教师布置的"学习任务"。具体如下：

（1）阅读从"爱情"议题中精选出来的 3 篇观点不同或思想各异的文章，探究并尝试回答"助读"中提出的问题（见表 5）。

表 5　精选 3 篇文章及对应的"助读"

篇　目	助　读
"你忘了你自己是怎样一个人啦！"——谈周朴园	如果周朴园对鲁侍萍的爱是假，怎么解释周朴园至今仍然急迫想了解他曾经那么冷酷抛弃了的女人的下落，到第四幕还说"她没有什么好身世，也是你的母亲""不要以为你跟四凤同母，觉得脸上不好看，你就忘了人伦天性"这样逼子认母的话？
	如果周朴园对鲁侍萍的爱是真，又怎么解释周朴园要把家从南方搬到北方，搬家目的是什么？想避开不堪回首的伤心地？可一旦知道鲁侍萍未死并出现在他面前，他为什么又说出"你来干什么""谁指使你来的""好！痛痛快快的！你现在要多少钱吧"这些话，并且果断开除鲁大海，解雇鲁贵和四凤呢？
从对待鲁侍萍感情的真伪谈周朴园性格的复杂性	《雷雨》最大的艺术成就是塑造了周朴园这样一个丰富、复杂的人物形象。他既是一个留学德国、自律强悍的社会精英，又是一个冷酷无情、霸道严厉的封建家长；既是一个老辣干练、心狠决断的资本家，又是一个吃斋念佛、心态疲惫的老者。而且，就是这样一个历尽人生磨难、凶险的可怜的老人，也有着向往过平平安安新生活的愿望，如卖掉旧屋，想搬入新家。细读《雷雨》中表现周朴园的所有片段，想想这到底是一个怎样的人物形象。
周朴园婚恋性格辩说——论周朴园与鲁侍萍的爱情	贝尔纳说："爱是自我和自足的，只为自己快乐，只为自己存在。爱的优点和奖赏就是爱自己。爱除了自己，不寻求其他原因和结果，爱是爱本身的目的。我爱是因为我爱，我爱所以我能够去爱。"莎士比亚说："爱情是生命的火花，友谊的升华，心灵的吻合。如果说人类的感情能区分等级，那么爱情该是属于最高的一级。"回读并思考周朴园与鲁侍萍的情感片段，说说你对"爱"或者"爱情"有着怎样的思考和理解。

（2）关于周朴园对鲁侍萍"爱情"真假问题的研究或争议，一直都有着鲜明的时代印记。然而，这并不能说明以往一些学者的观点或洞见，就不如今天一些学人的观点或新见。阅读以上3篇文章，针对学者对周朴园的评价，按照要求完成"学习任务"，即提取每位作者在文中的主要观点，并概括支持该作者观点的主要论据（见表6）。

表6 提取观点，概括支持观点的论据

作 者	主要观点	主要论据
钱谷融		
李家瑞		
张金仲		

这一课段，针对周鲁"爱情"和《雷雨》主题这两个议题，教师要给予足够的时间，如可留出一周6课时，让学生上网搜集材料、寻找论据等，然后做一次更广泛的质疑、思考与讨论。因为，只有对"爱情"真假问题做更深入的思考和更细致的辨析，才能够为之后辩论赛的顺利开展做足准备；只有对主题这一难题做更缜密的梳理和更幽微的探秘，才有可能真正"读懂"《雷雨》到底在表达什么。

第四课段的关键节点有两个：

其一，"爱情"真假辨析。这一节点，一是教师即时上传梁凤仪的《什么是爱情》等增补文章，以帮助学生对"爱情"这一问题做更深入的思考；二是教师设计或学生提出一些能引发思维向纵深发展的问题，然后师生共同研究、讨论。下面，第一组、第二组为学生提问，第三组为教师设问。具体如下：

第一，周朴园对鲁侍萍的"爱情"从头至尾都是假的。

先从周朴园的角度来看。

如果是假的，我们怎么理解周朴园三十年如一日地保持着旧家具的摆设？

又如何理解他始终爱穿旧雨衣、旧衬衣，而且一直保留着在闷热的夏季关着窗户的习惯？作为一个有一定社会地位的资本家，周朴园应该是尽力去隐瞒自己过去的荒唐事才对，为什么他还要纪念鲁侍萍，并且毫不隐瞒？

假如因为周萍的存在而使得他不得不承认有过前妻，可以堂而皇之地表达自己对前妻的"怀念"，但没有一定的感情基础，他怎么可能从南到北把这种"怀念"坚持三十年？这种连时空都无法改变的"念旧"，难道不能证明他对鲁侍萍是有感情的吗？

再从鲁侍萍的角度来看。

如果是假的，那么为什么当周朴园没有认出鲁侍萍，让鲁侍萍离开时，鲁侍萍竟委屈地问："老爷，没有事了？"并且"望着朴园，眼泪要涌出"。这是不是说明鲁侍萍旧情难忘？如果不曾有过旧情且旧情难忘，鲁侍萍为何不带上四凤马上离开周家，她何苦后来要故意暴露自己的真实身份？

第二，周朴园对鲁侍萍的"爱情"是有几许真诚的。

学者钱谷融这样分析道："从他前后一贯的为人处世的态度里，以及从他作为一个资产阶级的阶级本性里，我们都可以毫无疑问地做出肯定的回答，说他是假的，虚伪的。但是，我们却不能因此就认为周朴园对侍萍真的一点感情也没有。认为他对侍萍的种种怀念的表示都是故意装出来的，都是有意识地做给别人看的。"并且说这种一定程度的怀念是因为"一个人对于已经失去的东西，总是特别觉得可贵，特别感到恋念的"。难道周朴园真的仅仅是因为对失去的东西"觉得可贵""感到恋念"而怀念鲁侍萍吗？

如果说三十年前周朴园对待鲁侍萍的感情和三十年来对她的怀念都是真实的，那么，当鲁侍萍真的出现在他面前时，他为何又要反目？这样的表现是否前后矛盾呢？

第三，在排演《雷雨》时，导演夏淳曾这样启发演员："鲁侍萍不是白毛女，周朴园也不是黄世仁。他们之间毕竟有过一段和睦相处的日子。觉慧与鸣凤的关系都可以作为周朴园青年时代与鲁侍萍关系的一个影子。"我们往往会同情巴金先生《家》中觉慧与鸣凤的爱情，但为什么总是否定周朴园对鲁侍萍的感情呢？

再有，曹禺自己也说过："周朴园这个人可以说是坏到家了，坏到连自己都不认为自己是坏人的程度。"可他还说过，周朴园对鲁侍萍的感情，"这种感情是真的，并非伪善""是真的，绝对真实的"。那么，周朴园对鲁侍萍的"爱情"究竟是真的还是假的呢？

其二，《雷雨》主题探秘。这一节点，一是从剧中八个人物的关系入手，即哪些人物是主要关系，哪些人物是次要关系，或者哪一组人物是主要冲突，哪一组人物是次要冲突；二是从高出于剧中这八个人物角色以外的"第九个角色"——"雷雨"——这样一个特殊的角色切入，确认这"第九个角色"牵制或笼罩着舞台上这八个人物的命运。下面，展示师生在共同梳理与探究后所得出的结论或理解。具体如下：

第一，对于剧中的人物关系或者冲突的理解。

全剧八个人物，几乎每个人物之间都有程度不同的冲突或矛盾，但如果仅仅揪住一两对冲突或矛盾，如仅仅以周朴园与鲁妈为主要冲突线，或者以蘩漪与周萍为主要冲突线，以蘩漪与周朴园为主要冲突线，以蘩漪与周朴园、周萍父子为主要冲突线等，都找不到正确答案。

《雷雨》的人物关系或者矛盾冲突就像一张巨大的"网"，紧紧拧住这张"网"的人固然是蘩漪，但制造悲剧"源头"的却在周朴园和鲁妈，假如没有周鲁二人年轻时的"往事前缘"，就不可能有后来的悲剧发生。可如果把《雷雨》的八个人物分成两组，我们会发现一个很奇特的现象：制造悲剧"源头"、最不愿意活、属上一辈的周朴园、鲁妈和紧紧拧住这张"网"的蘩漪，到了最后，他们偏偏就没有死；而再一次制造悲剧、偏偏又不愿意死、属下一辈的周萍和四凤（再搭上个周冲）最终却都走向了死亡。这就不能不引发我们思考：《雷雨》的最悲之处，不是周朴园与鲁妈，不是蘩漪与周朴园（自然也不是蘩漪与周朴园、周萍父子），也不是蘩漪与周萍，而是周萍和四凤以及死得很冤枉、很意味深长的周冲。

学者陈思和把这一问题分析得透彻：

曹禺这个作品的主题就是乱伦，从头到尾，母亲跟儿子，哥哥跟妹妹，主人与女仆，好几对的关系都有乱伦嫌疑，但是说到底，周萍与四凤有血缘联系，乱伦才是无法逃脱的；周萍与蘩漪没有血缘关系，只有宗法制度关系，假如在一个现代文明的时代，蘩漪与周朴园离婚后，周萍与蘩漪就无所谓乱伦。

周萍与蘩漪的乱伦是自知的、可以逃脱的，但周萍与四凤的乱伦是不自知的、无法逃脱的。周萍和四凤在不自知的情况下，让自己的情感欲望触犯了人类种族进化的大忌——兄妹乱伦的罪恶，这就使悲剧迈向了顶点。据此，可以得出一个结论：周萍并非因为他与蘩漪的关系暴露而死，而是因为他与四凤的血缘关系暴露致死。兼顾二者来说，周萍因双重关系暴露而"罪该万死"。此外，是否还可以推出这样一个结论：鲁妈明明知道周萍与四凤是同母异父的兄妹而且还发生关系，但为了保全这对儿女的性命，仍不顾一切地把这伦理法则推开（你们"最好越走越远"）……当伦理法则危及人的生命时，是否可以生命的存在为最高法则，让人类的情感欲望冲破这伦理法则的"泥沼"或"巨网"呢？！

第二，对"雷雨"这样一个不出场的角色的理解。

对高出于剧中这八个人物角色以外的"第九个角色"——"雷雨"——这样一个不出场的角色，曹禺说过一段意味深长的话：

《雷雨》里原有第九个角色，而且是最重要的，我没有写进去，那就是称为"雷雨"的一名好汉……我总不能明显地添上这个人，于是导演们也仿佛忘掉他。我看几次《雷雨》的演出，我总觉得台上很寂寞的，只有几个人跳进跳出，中间少了一点生命。我想大概因为那叫作"雷雨"的好汉没有出场，演出的人们无心中也把他漏掉。

其实，在剧中，曹禺就不断地、有意识地穿插着"雷雨"的强大声势，特别是在第三幕里："无星的天空时而打着没有雷的闪电，蓝森森地一晃""雷又隐隐地响着""以后闪电更亮得蓝森森地可怕，雷也更凶恶似的隆隆地滚着""远处隐雷""雷声轰地滚过去""雷声大作，一声霹雳""雷声轰轰，大雨下"……这一阵紧似一阵的"雷雨"所要警示的，既不是周朴园和鲁妈，也不是周萍和繁漪，而是周萍和四凤。套用明代李东阳在《风雨叹》中的一句诗"洲沉岛灭无所逃，顷刻性命轻鸿毛"，周萍和四凤关系大暴露，无疑就是"洲沉岛灭"。如此，这牵制或笼罩着舞台上这八个人物命运的"雷雨"的象征意义便了然于心；也只有这样，才能够理解或领悟曹禺将此剧命名为《雷雨》并且告知我们这样一个不出场的角色设置的良苦用心。

真正的阅读是从质疑开始的；而质疑又只有通过讨论、辩论才能够得出可靠的结论。为此，在这最有可能创生新思维、新思想的第四课段，教师前期要做好大量的准备工作，如整理同类内容、梳理不同观点等。接着，教师要设计出较为合理的学习步骤，如让学生对这些内容、观点进行分类、统计、排序、观察、聚焦等。在正式开展讨论或辩论时，要组织、引导学生进行比较、辨别、假设、想象、推理等。最后，教师要让学生自己做出判断或确认。一位学生在回忆当年学习情景时说："那时的语文专题学习，不就是让我们有机会对一个专题有了一定的了解之后才开始讨论、辩论的吗？而这讨论、辩论，毫无疑问是一种最有效的学习方式。"当然，事实上，要一步一步引导学生最终得出一个可靠的结论，还是很困难的，此不赘述。

这一课段，如果要举办辩论赛，至少要用四周时间。

4.定向、拟题和写作

如果说第一至四课段，侧重点还在于教师的课程设计和组织教学，那么，进入第五课段，侧重点则转向每一位学生。虽然在此期间，教师仍会帮助学生判断写作的要点或寻找写作的兴奋点，仍会引导他们走出思想认识的泥沼或误区，仍会与他们研究、讨论，让其明晰自己的思考、想法，个别学生，甚至会帮助其明确自己的写作思路，即列出详细提纲等，但主要的"学习场景"则是学生自己确定研究方向，拟定写作题目。然后，围绕拟好的题目，在网络平台或互联网上再一次搜寻并研读与之相关的资料，开始组织架构、写作修改、调整顺序等，直至上交习作和写下学习反思。

这一课段的关键节点有三个：

一是开设定向、拟题讨论课（1课时）。即将每位学生定向、拟题及写作的大体思路上传网络平台；然后依序展示，听取同伴的意见或建议，学生在点评过程中相互借鉴，相互启迪，最终确定自己的写作题目。

二是开设"人物分析"写作课（1课时）。即以王玉屏的《论周朴园形象的深层寓意》一文为例，学习层层深入展开分析，步步推进得出结论，不断质疑、不断揭秘，由此及彼、由表及里、有理有据进行分析的论证方法。

三是帮助写作有困难的学生修改甚至重写。一般情况下采用的是教师与学生"一对一"面谈的形式。教师要多鼓励，给建议，教方法，帮助这类学生"闯关"。力争让全班每位学生都能"过关"，都有进步，都在成长。

考虑到学生的差异，这一课段，一般会用两至三周时间，个别学生用时会更长一些。

5. 延伸内化，深度体验

排演《雷雨》片段，具体由语文课代表负责组织安排。要明确表演话剧的主要流程：一是找到合适的片段或场次；二是确定导演和场记；三是选择演员；四是设计舞台背景、服装、道具等；五是导演讲述自己的解读，带领演员共同研读；六是导演制定台位；七是加工表演细节；八是联排并演出。

这一课段的关键节点是：开设"话剧表演"学习课（1课时）。学生重点学习在表演的过程中，演员该怎样通过对话、动作等，把握剧中人物复杂的性格特征和丰富的内心世界。

三、评价关注表现

我们知道，除了显性的写作评价和试卷测评，想要在其他方面评价或者测评学生在具体学习过程中收获到什么，还是很困难的。古今中外，但凡从事教育工作又有了一些成效或成就的人，他们毕其一生都想去解决或突破这一难题。因为他们清楚地知道，一张试卷、一篇文章或是一次活动，于学生而言，或许根本就不能证明什么。于是，在学习评价或评估这一点上，有不少人进行过一些有益的、具有可行性的探索或尝试，如提出过程性或形成性评价，结果性或终结性评价等。而我们对学生做完一个专题或"整本书"的学习的评价通常会简化为下面这张表格（见表7）：

表7　专题学习或整本书阅读测评表

内容或项目	能力或素养提升描述 （每栏不少于200字，要举详例）
在阅读过程中，你用到哪些思维工具或思维方法等？	
在表达过程中，你在语言、形式或思想、内容方面得到哪些提升？	
在某一项具体实践活动中，你的表现如何？如组织、沟通、合作等。	

　　学习是需要评价的，但绝不是一些老师到网络教室观课，看到学生正在阅读某部分内容，就问我："你怎样考试才知道他们读没读？""你出不出试卷来考他们？"要真是那样，我们可以想象一下，学习会不会就变成只是应付一次次考试的、苦不堪言的事情？没有了对学生的基本信任、尊重，又何谈安静、安心地学习呢？而我们这种对学习进行自我表现的描述性评价，重在学生对思维方法掌握、思维工具运用的自查自检，重在学生对非智力因素成长或成就的自省自悟。如有学生在辩论赛后评价自己或者评价集体时说："这样学习，可以开阔思维，锻炼我们的口头表达能力，培养我们搜索、查找资料和统筹、分析、推理、判断事物等能力""可以让我们开动脑筋，从多方面去思考问题，培养我们发散思维的能力""可以加强同学间、师生间的情感，锻炼同学们团结协作的能力""自圆其说的辩论赛，只要你有道理，你便是胜者，满足了同学们自由发挥的愿望，也符合同学们自我表现的心理"等。又如有学生在排演《雷雨》片段后谈自己的感受时说："从整本书阅读到角色表演，我觉得之前我是个局外人，之后成了剧中人。与角色同喜同悲，合二为一，那真是一种奇妙的心理反应""这种在做中学，你要一遍一遍背台词、说台词，要一次一次体会角色的内心，还要与其他角色相配合、相呼

应。多亏了这次表演，帮助我获得一种体验感，一种过去从没有过的、与旧时空的对接感""没想到出演繁漪，居然让我对这个女性角色获得一种全新的认识：她不仅是一个具有着'雷雨'般性格的刚烈自强的女性，还是一个柔弱如小草一般的温柔脆弱的女子，更是一个凄惨的需要有人真心疼护的女人"等。

四、结语

从《雷雨》整本书阅读的全过程，我们不难看出，这样的学习，既要设教程，更要定学程；既可在线上，也有在线下（线上有时会多些，有时会少些）。我们的专题教学，基本能保证三分之二的时间让学生在线上学习。难怪有人会总结这是"双课堂"或是"混合式"学习。对此，我们更加确信：所谓互联网技术，只是一个可以给我们学习提供卓越支持的工具。但即便只是一个工具，有或没有这个工具是大不一样的。有了这个工具的加入，便可构成一个充满活力的学习社群；有了这样一个社群，就能创建或形成一个教学相长的学习场域。因为在这样一个场域里，我和我的学生都亲历了这样一种变化：互联网上资源的开放、多样、丰富，一改纸质图书资源单一、匮乏的困境；电脑操作的简单、方便、快捷，一改传统课堂思维缓慢、淤堵甚至停滞的困局。从整体观之，它符合人的认知规律，改变人的求知方式，加快人思考、互动、交流的速度；它有助于学生的自主学习、主动学习、深度学习和合作学习；它能让学生的个性化、个别化、批判性、创造性学习成为可能。当然，它还让一位曾经只相信一本教材、一本教参、一支粉笔和一张讲台，只坚信自己知识丰厚、精神富足，绝少光顾网络并强烈抵制甚至拒绝这一现代化手段或工具的我，做出了巨大改变。那就是，在无可选择而无比艰难、痛苦地深入网络学习之后，我竟惊喜地发现，我和我的学生一样，是多么疯狂地迷恋着这样一个广阔而又优美的世界。所以，我要确定无疑地说——互联网是美的！那一次次专题教学的挑战，很像是一次次网络游戏的闯关。不，网络游戏闯关还远远不及它的美丽、魅力和魔力。互联网更像是一位老人、长者、智者、学者，牵着我们的手，把我们带向远方，带向遥远的过去与未来，带向未知的领域。它也像是我们师生一起走过的一场又一场生命的、思想的、智慧的、精神的旅行。

"网"海茫茫，"网"事如风。在这近20年的时间里，能和自己的学生一起"沉溺"于此，自由飞翔，这该是一种怎样的幸运和幸福？而这样的"技术世界"又给了我们多少的欣喜与愉悦，怎样的思考和启迪？我多么希望在不久的将来，我们国家倡导的"把握信息时代新特点，积极利用新技术、新手段，建设开放、多样、有序的语文课程体系"[1]的愿景能够实现——由此，改变我们学生的学习，改变我们国家严峻的教育"生态"。

最后补充一句，小学高年级至初中学段，教师或学生可以"半网"利用；到高中学段，学生则应该"全网"进入。当然，如我们的网络课会持续两节课时长，我经常要求学生在课间适当地休息，或看看远方或绿树，或仰仰头、弯弯腰，保护好自己的脊椎和眼睛。

---

[1] 中华人民共和国教育部.普通高中语文课程标准（2017年版2020年修订）［S］.北京：人民教育出版社，2020：3.

▎第六讲

学习的本质："教不是学"

——例说专题学习或整本书阅读的"两次转换"

近些年来，语文教学改革，涌现出一个又一个新名词或新举措。单是高中语文，就出现专题学习、整本书阅读、大单元教学、思辨读写、群文阅读、项目学习和"学习任务群"等各种不同的提法。大家都在讲，要"重视学生的学"，要"以学习者为中心"，要"让学生成为学习的主人或主体"；教师则要成为学生学习活动的设计者，成为"学的专家"而非"教的专家"。但讲完了这些，往往就没了下文，没有在学习方法或学习策略上对学生所进行的具体指导和有效示范。而我们都知道，教育教学，不能只有教程（课程）而没有学程（学习的过程和方法的指导）。我们不能把学习的过程和方法的指导，就简单地理解为阅读、思考和表达这几个字，而应该是怎样设计出让学生阅读、思考和表达的学习活动，让学生能掌握和运用阅读、思考和表达的具体方法。

那么，教师怎样才能成为学生学习活动的设计者，成为"学的专家"而非"教的专家"呢？从教师最初的收集、研读教学资料，掌握学习资源，到依据学情确定教学内容，设计出学生的学习活动，再到之后教师的组织教学，引导、促进学生开展学习活动，让学生完成学习任务，这整个教学过程之间的"两次转换"，有着一种怎样的运行机制呢？下面，举出我们进行专题学习或整本书阅读的案例加以说明。

一、第一次转换

仔细考察我们的专题学习或整本书阅读的教学行为及过程，从教师收集、研读教学资料，掌握学习资源，到依据学情确定教学内容，设计出学生的学习活动，这是教师从自己的"学"发展到学生的"学"的"第一次转换"。

以《论语》整本书阅读为例。当确定了"总览全书概况""研读孔门弟子""研读孔子师徒团队'周游列国'""研读《乡党篇》（最早记录行为礼仪）""伟大的教育家孔子""伟大的思想家孔子"这六个内容和这六步教学过程之后，我们便会围绕这些内容和教学过程，运用分类、统计、排序等方法，阅读、整理并今译《论语》中与之相关的章节或内容。换言之，教师得先于学生梳理、探究、理解并掌握这些学习资源。

如从"研读孔子师徒团队'周游列国'"这一内容入手，我们得首先梳理、探究、理解并掌握《论语》中与"周游列国"相关的章节或内容（见表1）。

表1　《论语》中与"周游列国"相关的章节①

> **一、去鲁适卫**
>
> 1. 子曰："鲁卫之政，兄弟也。"（《子路篇》）
>
> 2. 子适卫，冉有仆。子曰："庶矣哉！"冉有曰："既庶矣，又何加焉？"曰："富之。"曰："既富矣，又何加焉？"曰："教之。"（《子路篇》）
>
> **（一）去卫南行，过匡被围**
>
> 3. 子畏于匡，曰："文王既没，文不在兹乎？天之将丧斯文也，后死者不得与于斯文也；天之未丧斯文也，匡人其如予何！"（《子罕篇》）

---

① 主要依照徐志刚译注《论语通译》的原文和李长之《孔子的故事》"周游列国"的部分文字，按孔子及弟子"周游列国"走过的卫、曹、宋、郑、陈、蔡、楚诸国大致的先后顺序整理出 44 章的文句。今译略。

4.子畏于匡，颜渊后。子曰："吾以女为死矣。"曰："子在，回何敢死！"（《先进篇》）

5.佛肸召，子欲往。子路曰："昔者由也闻诸夫子曰：'亲于其身为不善者，君子不入也。'佛肸以中牟畔，子之往也，如之何？"子曰："然，有是言也。不曰坚乎，磨而不磷？不曰白乎，涅而不缁？吾岂匏瓜也哉？焉能系而不食？"（《阳货篇》）

6.子曰："苟有用我者，期月而已可也，三年有成。"（《子路篇》）

（二）经蒲返卫，滞留于卫

7.蘧伯玉使人于孔子，孔子与之坐而问焉，曰："夫子何为？"对曰："夫子欲寡其过而未能也。"使者出，子曰："使乎！使乎！"（《宪问篇》）

8.卫公孙朝问于子贡曰："仲尼焉学？"子贡曰："文武之道，未坠于地，在人。贤者识其大者，不贤者识其小者，莫不有文武之道焉。夫子焉不学？而亦何常师之有？"（《子张篇》）

9.子问公叔文子于公明贾曰："信乎，夫子不言、不笑、不取乎？"公明贾对曰："以告者过也。夫子时然后言，人不厌其言；乐然后笑，人不厌其笑；义然后取，人不厌其取。"子曰："其然，岂其然乎？"（《宪问篇》）

10.子谓卫公子荆善居室。始有，曰："苟合矣。"少有，曰："苟完矣。"富有，曰："苟美矣。"（《子路篇》）

11.公叔文子之臣大夫僎与文子同升诸公。子闻之，曰："可以为'文'矣。"（《宪问篇》）

12.子曰："不有祝鮀之佞，而有宋朝之美，难乎免于今之世矣。"（《雍也篇》）

13.王孙贾问曰："与其媚于奥，宁媚于灶。何谓也？"子曰："不然。获罪于天，无所祷也。"（《八佾篇》）

14.子见南子，子路不说，夫子矢之曰："予所否者，天厌之！天厌之！"（《雍也篇》）

15.子曰："吾未见好德如好色者也。"（《子罕篇》）

16.子曰："已矣乎，吾未见好德如好色者也。"（《卫灵公篇》）

17.子曰："直哉史鱼！邦有道如矢，邦无道如矢。君子哉蘧伯玉！邦有道则仕，邦无道则可卷而怀之。"（《卫灵公篇》）

18.子曰："宁武子，邦有道，则知；邦无道，则愚。其知可及也，其愚不可及也。"（《公冶长篇》）

19.子言卫灵公之无道也，康子曰："夫如是，奚而不丧？"孔子曰："仲叔圉治宾客，祝鮀治宗庙，王孙贾治军旅。夫如是，奚其丧？"（《宪问篇》）

20. 子击磬于卫，有荷蒉而过孔氏之门者，曰："有心哉，击磬乎！"既而曰："鄙哉，硁硁乎！莫己知也，斯己而已矣。'深则厉，浅则揭'。"子曰："果哉！末之难矣。"（《宪问篇》）

21. 卫灵公问陈于孔子。孔子对曰："俎豆之事，则尝闻之矣；军旅之事，未之学也。"明日遂行。（《卫灵公篇》）

22. 仪封人请见，曰："君子之至于斯也，吾未尝不得见也。"从者见之。出曰："二三子何患于丧乎？天下之无道也久矣，天将以夫子为木铎。"（《八佾篇》）

二、往曹宋郑

23. 子曰："天生德于予，桓魋其如予何！"（《述而篇》）

24. 子谓子产："有君子之道四焉：其行己也恭，其事上也敬，其养民也惠，其使民也义。"（《公冶长篇》）

25. 子曰："为命，裨谌草创之，世叔讨论之，行人子羽修饰之，东里子产润色之。"（《宪问篇》）

26. 或问子产，子曰："惠人也。"问子西，曰："彼哉！彼哉！"问管仲，曰："人也。夺伯氏骈邑三百，饭疏食，没齿无怨言。"（《宪问篇》）

27. 子曰："恶紫之夺朱也，恶郑声之乱雅乐也，恶利口之覆邦家者。"（《阳货篇》）

三、陈蔡绝粮

28. 陈司败问："昭公知礼乎？"孔子曰："知礼。"孔子退，揖巫马期而进之曰："吾闻君子不党，君子亦党乎？君取于吴，为同姓，谓之'吴孟子'。君而知礼，孰不知礼！"巫马期以告。子曰："丘也幸，苟有过，人必知之。"（《述而篇》）

29. 在陈绝粮，从者病，莫能兴。子路愠见曰："君子亦有穷乎？"子曰："君子固穷，小人穷斯滥矣。"（《卫灵公篇》）

30. 子在陈曰："归与！归与！吾党之小子狂简，斐然成章，不知所以裁之。"（《公冶长篇》）

四、叶公问政

31. 叶公问孔子于子路，子路不对。子曰："女奚不曰：其为人也，发愤忘食，乐以忘忧，不知老之将至云尔。"（《述而篇》）

32. 叶公语孔子曰："吾党有直躬者，其父攘羊而子证之。"孔子曰："吾党之直者异于是，父为子隐，子为父隐，直在其中矣。"（《子路篇》）

33. 叶公问政。子曰："近者说，远者来。"（《子路篇》）

续表

五、自叶返卫

34. 微生亩谓孔子曰:"丘何为是栖栖者与? 无乃为佞乎?"孔子曰:"非敢为佞也,疾固也。"(《宪问篇》)

35. 楚狂接舆歌而过孔子曰:"凤兮! 凤兮! 何德之衰? 往者不可谏,来者犹可追。已而,已而,今之从政者殆而。"孔子下,欲与之言。趋而辟之,不得与之言。(《微子篇》)

36. 长沮、桀溺耦而耕,孔子过之,使子路问津焉。长沮曰:"夫执舆者为谁?"子路曰:"为孔丘。"曰:"是鲁孔丘与?"曰:"是也。"曰:"是知津矣。"问于桀溺。桀溺曰:"子为谁?"曰:"为仲由。"曰:"是鲁孔丘之徒与?"对曰:"然。"曰:"滔滔者天下皆是也,而谁以易之? 且而与其从辟人之士也,岂若从辟世之士哉?"耰而不辍。子路行以告。夫子怃然曰:"鸟兽不可与同群,吾非斯人之徒与而谁与? 天下有道,丘不与易也。"(《微子篇》)

37. 子路从而后,遇丈人,以杖荷蓧。子路问:"子见夫子乎?"丈人曰:"四体不勤,五谷不分,孰为夫子?"植其杖而芸。子路拱而立。止子路宿,杀鸡为黍而食之,见其二子焉。明日,子路行以告。子曰:"隐者也。"使子路反见之,至则行矣。子路曰:"不仕无义。长幼之节不可废也,君臣之义如之何其废之? 欲洁其身而乱大伦。君子之仕也,行其义也。道之不行,已知之矣。"(《微子篇》)

38. 子曰:"贤者辟世,其次辟地,其次辟色,其次辟言。"子曰:"作者七人矣。"(《宪问篇》)

39. 子路曰:"卫君待子而为政,子将奚先?"子曰:"必也正名乎!"子路曰:"有是哉,子之迂也! 奚其正?"子曰:"野哉,由也! 君子于其所不知,盖阙如也。名不正则言不顺,言不顺则事不成,事不成则礼乐不兴,礼乐不兴则刑罚不中,刑罚不中则民无所措手足。故君子名之必可言也,言之必可行也。君子于其言,无所苟而已矣。"(《子路篇》)

40. 冉有曰:"夫子为卫君乎?"子贡曰:"诺,吾将问之。"入,曰:"伯夷、叔齐何人也?"曰:"古之贤人也。"曰:"怨乎?"曰:"求仁而得仁,又何怨?"出,曰:"夫子不为也。"(《述而篇》)

41. 子贡问曰:"孔文子何以谓之'文'也?"子曰:"敏而好学,不耻下问,是以谓之'文'也。"(《公冶长篇》)

六、自卫返鲁

42. 子路宿于石门。晨门曰:"奚自?"子路曰:"自孔氏。"曰:"是知其不可而为之者与?"(《宪问篇》)

43. 子曰:"从我于陈、蔡者,皆不及门也。"(《先进篇》)

44. 子曰:"吾自卫反鲁,然后乐正,《雅》《颂》各得其所。"(《子罕篇》)

　　"第一次转换"是否得当，关键在于教师是否了解"这本书"的特殊性。在先秦诸子作品中，《论语》是唯一一本老师去世后弟子为了追忆老师所编纂的纪念册。既然是一本纪念册，就会记录很多老师的故事、老师和弟子的故事、老师和弟子与同时代人（"时人"）的故事。这样，"师生一体"的故事叙述也就成了"这本书"最为突出的特点，也是这本纪念册最饱含深情、最令后人动容的地方。换言之，读任何一本书，入情悟趣最为重要。很多教师忽视这一特点，直接从孔子"仁义礼智信"等较为抽象的概念、思想进入，这往往是"中道而废"或"折戟沉沙"，或把《论语》读得枯燥、无趣的原因吧。

　　孔子 55 岁出国，68 岁返鲁，在外奔波 14 年，先后到过卫、曹、宋、郑、陈、蔡、楚等大小近十个国家，足迹踏遍当时的半个中国。他栖栖遑遑，席不暇暖，到处宣传自己的政治主张，寻找施展政治才能的机会，却没有一个国君愿意采纳他的主张，给他一个实现政治抱负的机会。然而，就是这样一位处处碰壁、"累累若丧家之狗"[①]的老人，却带着一群弟子做了一件前无古人也后无来者的大事——"周游列国"。我们阅读了解这样一个大事件，定会感受到师生一路困苦艰辛而又其乐融融的场景或境遇。并且，在读完、读懂、读通《论语》，回望、洞悉中华民族几千年历史之后，也会对这样一个在中国文化史、思想史和教育史上都有着重大意义和深远影响的事件，有深切的领悟和深刻的理解。

　　毫无疑问，教师"学"过之后，如同往杯里倒水一样的"教"，这肯定不是学生的"学"。教师的现实角色，决定了其首先应该是一位先行学习者，然后还要是一位学生学习活动的设计者。在课堂上，只有让作为主体的学生真正"动"起来，学习才有可能真实地发生。怎样把孔子及弟子"周游列国"的章节或内容转换成学生的学习活动，让学生真正"动"起来？我们设计了如下学习活动：

　　用表格梳理《论语》中孔子及弟子"周游列国"的章节（约 44 章，见表

---

① 　［汉］司马迁 . 史记［M］. 上海：上海古籍出版社，2011：1504.

2，附示例）。要求：①阅读并今译这些章节。②分清"核心"信息和"外围"信息。如与卫灵公及夫人南子接触是"核心"信息；孔子师徒团队到达卫国，与蘧伯玉、公叔文子、王孙贾等卫国大夫接触是"外围"信息。③运用想象、假设、联想、预测、模拟、实验等方法，推断或模拟孔子及弟子"周游列国"时的现实情境或场景，并思考"周游列国"这一事件的深远意义。

表2　梳理《论语》中孔子及弟子"周游列国"的章节

所到国家	"外围"信息	"核心"信息	推断现实情境或场景
去鲁适卫（去卫南行，过匡被围；经蒲返卫，滞留于卫。约22章）	1.子曰："鲁卫之政，兄弟也。"（《子路篇》）今译（略，下同）		
往曹宋郑（约5章）	1.子曰："天生德于予，桓魋其如予何！"（《述而篇》）		
陈蔡绝粮（约3章）	1.陈司败问："昭公知礼乎？"孔子曰："知礼。"……（《述而篇》）		
叶公问政（约3章）	1.叶公问孔子于子路，子路不对。子曰："女奚不曰：其为人也，发愤忘食，乐以忘忧，不知老之将至云尔。"（《述而篇》）		
自叶返卫（约8章）	1.微生亩谓孔子曰："丘何为是栖栖者与？无乃为佞乎？"孔子曰："非敢为佞也，		

续表

所到国家	"外围"信息	"核心"信息	推断现实情境或场景
	疾固也。"（《宪问篇》）		
自卫返鲁 （约3章）	1.子路宿于石门。晨门曰："奚自？"子路曰："自孔氏。"曰："是知其不可而为之者与？"（《宪问篇》）		

应该说，把教师梳理、探究、理解并掌握的章节或内容，用表格的形式转换成学生的学习活动，这只是把教师的"学"转换成学生的"学"的第一步。这一步完成，并不意味着学生的学习活动就能顺利开展，也不意味着学生的学习任务就可圆满完成。只有在随后教师精心组织教学，引导、促进学生开展学习活动，督促、保障学生完成学习任务的"第二次转换"中，才有可能把在"第一次转换"学习活动中已经整理好的内容，再一次熔铸或消化成学生的个体认知、内在力量和精神财富。

二、第二次转换

在"第一次转换"学习活动中，如果把师生分别梳理出来的章节或内容和各自推断出来的现实情境或场景拿出来做比较，会发现有很大出入。学术界对一些章节的归属或先后顺序本就存在着很多争议。但这并不妨碍在"第二次转换"前，师生再一次运用梳理、想象、假设、联想、预测、模拟、实验等方法，进一步推断或模拟孔子及弟子"周游列国"时的现实情境或场景，对梳理出来的章节或内容再一次做甄别、推断、增删和调整等。

然而，要理解这些章节或内容的真正内涵，师生还应该继续拟定具有更高层面的、带有整体性的研究方向。如孔子师徒团队"周游列国"一行究竟有多少人？出行到底是驾牛车还是马车？游经各国在哪个国家停留的时间最长？在哪些国家没有停留甚至根本就没有越过边境或进入都城？"周游列国"后期，孔子师徒的思想、情感、态度等都发生了哪些变化？从总体上看，14年的漫漫长路，集欢悦、期盼、等待、失落、悲伤、焦虑、困顿、危殆、时不我与的心情与遭遇于一身的这一事件，对他们的人生体验、人格思想、精神境界等，都有怎样的改变？最后思考这一事件对后世的重大意义和深远影响。

也就是说，仅仅靠已经梳理出来的章节或内容和推断出来的现实情境或场景，是完不成上述研究的。此时，就得从《论语》整本书里"跳出来"，即借助司马迁《史记》中的《孔子世家》《仲尼弟子列传》，钱穆的《孔子传》，李长之的《孔子的故事》，李零的《丧家狗：我读〈论语〉》，石毓智的《非常师生：孔子和他的弟子们》，孔祥林的《图说孔子》，王健文的《流浪的君子：孔子的最后二十年》等这些文本中"周游列国"部分的文字作为参考或比较，这样推断出来的结果才有可能回到历史的"现场"，才有可能更接近于历史的真实，才能够较为准确地发掘出这一事件的历史意义。所以，如果说"第一次转换"只是为了读完，那么"第二次转换"则是为了读懂、读通。

下面，按拟定出来的研究方向顺序，展示教师组织教学，引导、促进学生开展学习活动，让学生完成学习任务的"第二次转换"的大致过程：

1. 两千五百多年前（即公元前497年）的一个春天，孔子带着弟子离开了鲁国。他们简单准备好行囊，驾着车，走入苍茫的原野，走过一个个村庄，走进一座座城邑。一路上，他们风尘仆仆，颠沛流离，去推行那"知其不可而为之"的政治理想。那么，从"冉有仆""颜渊后""卫公孙朝问于子贡""子路不说""子路从而后"等章节梳理出来的内容可否看出，孔子师徒团队一行究竟有多少人呢？

孔子带领弟子"周游列国"可不是三五人在短时间内的简单出行。这是一支庞大的、人才济济的、知名度很高而且有着鲜明的政治倾向的师徒团队，人数估摸应在20人以上，30人上下。也就是李零在《论语》中统计出的——

"先进"加"后进"——总共29人这个数字吧。

2. 不少专家、学者写文章争论"孔子周游列国乘的是什么车？"。原因是一些画家或导演在创作邮票、绘画、雕塑或者影视作品时，他们所绘制或使用的牲口不同，有的是牛，有的是马。孔子及弟子"周游列国"是驾牛车还是马车出行呢？可穿插梳理《论语》中出现与"车""马""牛"等词语有关的章节（约30章，见表3，附示例）。

表3　梳理《论语》中出现与"车""马""牛"等词语有关的章节

词语	次数	意义
乘	5次	① shèng 古代四匹马拉的一辆兵车为一乘。 ② chéng 坐。
御		
车		
马		
牛		

实际的情形是：这样的一支队伍出行既有牛车，也有马车。牛车载物，马车载人（或人骑马）。可以想象或推断一下：一支庞大的队伍，如此轰轰烈烈地出行（声名远播，未到先闻等），应该是既有学生在"打前站"负责联络，又有学生在后负责准备和运输出行物资。不然，《论语》中怎会有"大车（古代大车用牛拉，以载物）无𫐉，小车（古代小车用马拉，以载人）无𫐐"的说法？连子路都说"愿车马衣轻裘，与朋友共"，公西华"之适齐也"也都"乘肥马"……"周游列国"竟无马车？这不可想象。身强体壮的子路为什么会"从而后，遇丈人"？唯一能够解释的就是这位大弟子落单在后是在解决物资准备或运输之类的事情，因为子路不是体弱多病的颜回。

3. 从梳理和统计出来的"蘧伯玉使人于孔子""卫公孙朝问于子贡""叶公问孔子于子路""使子路问津焉"等章节或内容，我们尝试推断出如下结论：①他们师徒到达某一国，多数情况是弟子与该国的大夫先行接触和沟通。接触、沟通融洽后老师便"出场"；不融洽他们便"走人"。②"路过"与"停留"不是一回事；"停留"时间的长短也不是一回事。14年在外漂泊，他们在卫国停留的时间最长，经历了卫灵公、卫出公前后两段。据推测，在卫灵公执政时，孔子师徒在卫国进进出出，去少留多，约为5年时间；在卫出公执政时，孔子师徒从楚国回到卫国，停留约为4年时间。余下约5年，除了在陈国滞留3年左右，其余皆四处碰壁。至公元前484年，应季康子召，孔子最终回到鲁国。

4. "周游列国"后期，孔子师徒的思想、情感、态度等都发生了很大变化。据说，孔子鲁国"行道"受挫，以为离开母国前往他国就能够找到机会，如到了"兄弟"般富庶的卫国就可以得到任用，但接下来残酷的现实却让他彻底失望。为此，我们是否可以断定"人不知而不愠，不亦君子乎""不患人之不己知，患不知人也""不患无位，患所以立。不患莫己知，求为可知也""不患人之不己知，患其不能也""君子病无能焉，不病人之不己知也""苟有用我者，期月而已可也，三年有成""君子疾没世而名不称焉""莫我知也夫……不怨天，不尤人，下学而上达。知我者其天乎"等，这些充满了"人不知""不己知""莫己知""苟有用我者""莫我知"的悲切感叹，都是他"周游列国"后期所言呢？

再者，"周游列国"后期，孔子南行，与隐者几度会面，连子路都说出"道之不行，已知之矣"的感慨。联系孔子说的"道不行，乘桴浮于海……无所取材"，我们可否这样说，历经磨难、垂垂老矣的老师，与追随他一辈子（20多岁投师门下，60多岁遭遇虐杀，长达40多年）的学生子路，此时，在思想认识上达成一致了？"无所取材"，固然不是徐志刚所说的子路在"（其他方面）没有什么可取的"①，也不是字面上"我还不知道到哪儿找制作舟船的材料呢"②，而是指"我（孔子）该到哪儿去找'打造那一个世界

---

① 徐志刚. 论语通译 [M]. 北京：人民文学出版社，2000：48.

② 王健文. 流浪的君子——孔子的最后二十年 [M]. 北京：生活·读书·新知三联书店，2008：57.

的原料'①呢？"。答案是：找不到。因为那样一个世界或时代已经结束。同样，"子在川上曰：'逝者如斯夫，不舍昼夜。'"也应该不是后人说的感慨时间像流水一样不停流逝，而是感叹世事变幻之快，那样一个世界是一去不复返了。进而言之，"吾已矣夫""吾道穷矣"②，"行道"不通，想恢复周礼（"克己复礼"）而不成，想必晚年的孔子与其弟子是有自知之明的了！不然，怎么会有"五十而知天命，六十而耳顺"的慨叹？而这又是一种怎样的人生穷途或生命困境呢！（50岁后，孔子已经把"道不行"归为"天命"了）

5. 至于14年的漫漫长路，集欢悦、期盼、等待、失落、悲伤、焦虑、困顿、危殆、时不我与的心情与遭遇于一身的这一事件，对他们人生体验、人格思想、精神境界等的改变，以及这一事件对后世的重大意义和深远影响，我们可以反过来假设：

①假如没有这一路长达14年之久的种种艰辛与欢乐的人生体验，孔子和他的弟子会止步于一种怎样的人生局限？

②假如没有孔子师徒团队这一段"周游列国"的历史，中国的文化史、思想史和教育史，将会做出怎样的改写？

可以肯定的是，假如没有这长达14年之久艰辛与欢乐的人生体验，孔子和他的弟子或许就只能像一百多年之后的庄子那样，领着学生一道纵游于山林之中；或者像庄子在其《渔父》篇描述的"孔子游乎缁帷之林，休坐乎杏坛之上。弟子读书，孔子弦歌鼓琴……"③那样，对孔子师徒授课场景只能是"徒有羡鱼情"了。因为，没有走出鲁国，没有走进更为广阔的天地，没有走完足够的路和吃尽足够的苦，没有经历过那么多挫败、流离、焦虑与伤怀，老师说不出"知者不惑，仁者不忧，勇者不惧""三军可夺帅也，匹夫不可夺志也""岁寒，然后知松柏之后凋也""五十而知天命，六十而耳顺"，

---

① 王健文.流浪的君子——孔子的最后二十年［M］.北京：生活·读书·新知三联书店，2008：58.

② ［汉］司马迁.史记［M］.上海：上海古籍出版社，2011：1518.

③ 陈鼓应.庄子今注今译［M］.北京：中华书局，1983：815.

学生也绝对说不出"士不可以不弘毅，任重而道远。仁以为己任，不亦重乎？死而后已，不亦远乎？"（曾子语）、"士见危致命，见得思义"（子张语）这样富于人生哲理的话。

近代思想家、教育家梁启超说："《论语》为二千年来国人思想之总源泉。"① "六七百年来，数岁孩童入三家村塾者，莫不以'四书'② 为主要读本，其书遂形成一般常识之基础，且为国民心理之总关键。"③ "要而言之，孔子这个人有若干价值，则《论语》这部书亦连带的有若干价值也。"④ 那么，聚焦"周游列国"这一事件，我们可以用学者李敬泽评孔子师徒被困陈蔡时的一段话来概括其意义。他说：

> 我认为，这是中国精神的关键时刻，是我们文明的关键时刻，如同苏格拉底和耶稣的临难，孔子在穷厄的考验下使他的文明实现精神的升华。从此，我们就知道，除了升官发财打胜仗娶小老婆耍心眼之外，人还有失败、穷困和软弱所不能侵蚀的精神尊严。⑤

李敬泽将孔子"周游列国"的被困陈蔡与苏格拉底和耶稣的临难做比较。换言之，将东西方文明史做比较。那么，可否这样说，我们把14年漫长的"周游列国"只放在中国文化史、思想史和教育史上做考量，会不会低估了其价值、意义或影响呢？

李敬泽的"精神尊严"说，与美国哲学家赫伯特·芬格莱特说"毋庸置疑，孔子的主要成就之一，就是以一种在中国前无古人的方式发现并教导我们：人的存在有一种精神——道德的维度"⑥，在思想或内涵上正好也无缝对接。那么，什么是"精神尊严"？什么是"一种精神——道德的维度"？那就是，无论人世如何变幻，世道怎样艰难，"人"都应当做到"君子固

① 梁启超. 读书指南［M］. 北京：中华书局，2010：3.
② "四书"指《大学》《中庸》《论语》《孟子》。
③ 梁启超. 读书指南［M］. 北京：中华书局，2010：36.
④ 同上，39.
⑤ 李敬泽. 咏而归［M］. 北京：中信出版社，2017：5.
⑥ ［美］赫伯特·芬格莱特. 孔子：即凡而圣［M］. 彭国翔，张华译. 南京：江苏人民出版社，2010：19.

穷""穷且益坚，不坠青云之志"①，做到"知其不可而为之""从道不从君"②；都能根据"道"的内涵和"行道"的原则，对社会人生进行独立的思考和探索，对现实政治提出自己的批评与建议。孔子"志于道"的人生信仰与追求，既给寻求人生真谛的弟子点亮一盏明灯，照亮他们人生的航向，也激励着后世千千万万的士人，让他们的人生充满激情，生命变得庄严、崇高而富有意义。

我们知道，在很多时候，学生的学习状况远比我们预料的要复杂得多。"第二次转换"较之"第一次转换"会出现更多的可能性和不确定性。如学生可能会"旁逸斜出"很多新方向、新思路，催生很多新发现、新认知、新思考甚至新创造。而这就需要教师尽可能减少对学生过多的干预或过度的控制，给学生留有足够多的时间和足够大的空间。要善于发现、保护学生在学习过程中的独到见解，帮助、支持学生做进一步的深入思考和探究，如可提供学习资源，扩大学生自主学习、独立思考的范围或边界。当然，最重要、最关键的，还是教师这位"先读者""先学者"要先行读完、读懂并且尽可能地读通、读透。从这个角度说，教师就不仅仅是学习的设计者，更是学生学习的指导者和引路人。再进一步说，作为教师，不是你的研究要有"多厉害"（当然你可以很厉害），而是你要有发现别人研究有"多厉害"的能力或敏感，然后，将这"厉害"转换成学生的"学"，使其"更厉害"。这才是教师的职业、职责所在。

三、结语

教师的"教"不等于学生的"学"，教师的"教"也代替不了学生的"学"，这本是两千多年前孔子的教育智慧。有学者做过《论语》中"教"

---

① ［唐］王勃.秋日登洪府滕王阁饯别序［A］.陈振鹏，章培恒主编.古文鉴赏辞典［M］.上海：上海辞书出版社，2014：811.
② ［战国］荀子.荀子［M］.方勇，李波译注.北京：中华书局，2010：483.

和"学"的统计:"学"字出现 64 次,"教"字仅出现 7 次。^①法国当代生物学家、科学认识论研究专家安德烈·焦尔当特别提醒过我们:"教不是学。"他认为"教和学之间并无直接关系"^②。而在这一讲,我之所以对教师"先学"、学生"后学"的"两次转换"做如此深入、细致的分解和剖析,其目的在于明示各位:"第一次转换"是让学生"干活儿","第二次转换"是帮助学生继续"干活儿"。其用意更在于:在学生具体的学习过程中,教师到底该怎样做,才能使语文学习这种行为或活动不落入"隔靴搔痒"或"凌空虚蹈"的窘境,才能让"以学为主""以学生为重"或"以学习者为中心"最终不至于成为一句空话、废话。

教育是复杂、艰难而缓慢的。"生命教育"倡导者张文质说:"即使是知识的获得,经常也是困难、艰苦、缓慢的过程……经常,我们要等待一个儿童的成长……需要你针对他这个具体的人而给予的帮助,即温情的理解、真挚的同情、诚意的鼓励、恰当的提醒……"^③而真实的语文学习过程与其他学科相比,就显得更为复杂、艰难而缓慢——无论你给"你的语文学习"披上怎样光鲜的"皇帝的新装"。教育可不是工厂流水线上制造的产品。教育是教师"先学",学生"后学"。"先学"的"第一次转换"是基础,是让人"知",是知道、了解和知晓;"后学"的"第二次转换"是深入、润泽,是使人"识",有见识,有器识,有胆识。唯其如此,才谈得上创新人才的培养,才谈得上是"成人之道"。

于是,我殷切地期待并努力地追求着——在我们的专题学习或整本书阅读过程中,让我们的学生能时时感受到:学习,首先是一种乐趣;之后才是增广见闻,增加见识。学习,是在过一种诗性、思辨的思想、精神生活;是溯流而上,而后又沿河而下,一起走过一段温暖的、百感交集的旅程。而这过往的一路——自主学习、自我探索、自由表达,以及与这世界建立起的联

① 杨伯峻.论语译注[M].北京:中华书局,1980:276—305.
② [法]安德烈·焦尔当.学习的本质[M].杭零译.上海:华东师范大学出版社,2015:15.
③ 张文质.跨越边界——生命化教育的一些关键词[J].中国校外教育(理论),2007(1).

系——于生于师，在未来的岁月里，都将成为一种美好的回忆或一段令人难忘的经历。

于是，我也在思考：什么样的学校是“好学校”？贤哲这样告诉我：

> 学校更像是父亲的象征，将一个遥远的父亲形象搬上舞台。它并不是要教授儿童他们已经懂得的知识或实践过的事情，而是强制地教给他们尚不知道的东西，并强迫他们跳出熟悉的知识圈子。这也正是学校的目标——思想解放：让孩子们从自己的世界走出来，让一切事物对他们而言都不再显得“自然”，而是需要通过努力和思考来不断获得知识才能理解它们。
>
> 学校希望成为一条通向远方之路。
>
> 学校的使命应是让学生憧憬远方……①

---

① ［法］皮埃尔·朱代·德·拉孔布，［法］海因茨·维斯曼. 语言的未来：对古典研习的再思考［M］. 梁爽译. 南京：译林出版社，2012：1—2.

"莫拿棒槌去砍柴"

——"梳理与探究"：高中生最需要开展的学习活动

　　民间有句话叫"拿着棒槌去砍柴"。"棒槌"是一种木制的洗衣用具，用以捶打衣物，使衣物中的污水被清洗出来。可有人却要拿它去做砍柴工具。这比喻有人拿着简单或并不合适的工具去做复杂或具有较高难度的事情。

　　今天的高中语文教学，从学习活动或方法层面上看，在很多时候或场合，就很像是"拿着棒槌去砍柴"。如年级不管高低，学段不分先后，学生一律要"书声琅琅"，要"多记多背"；自读课上统一要求学生做"眉批旁批"；课文刚看完立马鼓动学生要"敢于提问"。可有没有想过，与初中生比，高中生语文学习有哪些不同？会不会在学习活动或方法上有较大差异？高中生对学科、对自己、对老师，总归是有更高的要求和更多的期待的吧？

　　下面，我们从高中生最需要开展的两种学习活动或最需要掌握的两种学习方法——"梳理"与"探究"——切入，去梳理这两个词在两版课标和一版教科书中出现的次数、变化和要求；思考这两种我们"习焉不察"的活动或方法的具体内涵，以及这些年来我们在这两方面所做出的一些实践与探索。

一、"梳理""探究"的出现和变化

在 2003 年出版的《普通高中语文课程标准（实验）》中，"梳理"一词只出现了 5 次，而"探究"一词出现了 41 次。^①两词分说，"梳理"主要纳入"语言文字"学习的活动或方法范畴；"探究"除了与"能力""意识""习惯"等词语组合起到限制作用外，大多也纳入语文学习的活动或方法范畴。但总体来看，是未得到强调，也不够突出的。

2004 年 5 月，人民教育出版社出版必修 1 至必修 5《普通高中课程标准实验教科书·语文》，在每一册教科书开头"致同学们"的一封信中有了"梳理探究"这一明确提法。信中说："必修教科书的内容分'阅读鉴赏''表达交流''梳理探究''名著导读'4 个部分。前 3 个部分纳入课内学习计划，'名著导读'可在课外自主安排。"^②可见，"梳理探究"被纳入了"课内学习计划"，是必修教科书里一项非常重要的学习活动或内容。然而，事实却并非如此。

与被认定"是这套教科书的主体"，"每册由 4 个单元组成"，占三分之二篇幅的"阅读鉴赏"相比，或者与包括"写作"和"口语交际"两部分（"写作"安排每册 4 个专题，"口语交际"安排每册围绕一个重点进行），占每册六分之一篇幅的"表达交流"相比，"每册安排 3 个专题"（五册共 15 个专题），同样也占六分之一篇幅的"梳理探究"，就不那么受待见了。因为这封信中说："这些专题，你们可以根据自己的兴趣、爱好和特长有选择地学习研讨。"既然是"有选择地学习研讨"，就有可能是"少选择"或"不选择"，就不能够引起多数老师的高度重视，也不会占用有限的课时去安排或者组织活动。更何况，这些年来，在各级各类的考试中，我们并没有探索出一些更好、更有效的检测手段或者测评方法，以及测后的效果评估；

---

① 中华人民共和国教育部.普通高中语文课程标准（实验）［S］.北京：人民教育出版社，2003.

② 人民教育出版社课程教材研究所，中学语文课程教材研究开发中心，北京大学中文系语文教育研究所.普通高中课程标准实验教科书·语文［M］.北京：人民教育出版社，2004.

倒是看到在不少的应考复习资料中，有很多已经"梳理"好的"语言文字"知识或者"文化常识"板块等内容。这种做法的结果是：不需要学生去"梳理探究"，只需要学生"死记硬背"就行。我们曾查找和统计过报刊和书籍，关注"梳理探究"话题者寥寥，能认真研究或深入探讨的更是屈指可数。有研究者就直陈："没有理论的指导，就没有切实的实践，许多一线教师对这一板块很困惑，加上'阅读鉴赏''表达交流'占用了大量课时安排，所以造成了许多教师对'梳理探究'这一板块的不重视甚至完全忽略对它的学习。"①

2018 年 1 月，《普通高中语文课程标准（2017 年版）》（于 2020 年修订，以下简称"2017 年版课标"）颁布，"梳理探究"改为"梳理与探究"，第一次明确写进了国家课程标准并被反复强调。对此，我们做过细致的统计："梳理"一词出现 50 次（从 5 次到 50 次，这在数量上是一个怎样的"飞跃"），"探究"一词出现 64 次。两词合说，主要出现在 2017 年版课标的前两部分里。

如在第一部分"基本理念"里："学习运用祖国语言文字的资源和实践机会无处不在……通过阅读与鉴赏、表达与交流、梳理与探究等语文实践，积累言语经验，把握语文运用的规律，学会语言运用的方法，有效地提高语文能力……"②

在第二部分"课程目标"的开头："学生通过阅读与鉴赏、表达与交流、梳理与探究等语文学习活动，在语言建构与运用、思维发展与提升、审美鉴赏与创造、文化传承与理解几个方面都获得进一步的发展……"在这一部分的第 4 条里："在阅读与鉴赏、表达与交流、梳理与探究活动中运用联想和想象，丰富自己对现实生活和文学形象的感受与理解，丰富自己的经验与语言表达。"③

---

① 李政富，王振阳 . 浅谈"梳理与探究"板块教学［J］. 教育，2015（12）.
② 中华人民共和国教育部 . 普通高中语文课程标准（2017 年版 2020 年修订）［S］. 北京：人民教育出版社，2020：3.
③ 同上，5—6.

显然，2017 年版课标把"梳理与探究"和"阅读与鉴赏""表达与交流"合在一处表述，是将其定位在语文学习活动的意义层面。而特别引起注意的，是在第四部分"课程内容"不同的"学习任务群"里，针对具体的学习内容单独使用到的"梳理"一词。如"梳理小说的感人场景乃至整体的艺术架构""梳理全书大纲小目及其关联""聚焦特定文化现象，自主梳理材料""观察、思考不同媒介语言文字运用的现象，梳理、探究其特点和规律""培养学生丰富语言积累、梳理语言现象的习惯""梳理文言词语在不同上下文中的词义和用法""选择日常生活和学习中、历史或当今社会中学生共同关心的话题，要求学生通过阅读与鉴赏、表达与交流、梳理与探究等语文学习活动，阅读古今中外典型的思辨性文本，学习并梳理论证方法""梳理所学作品中常见的文言实词、虚词、特殊句式和文化常识""就汉字或汉语的某一问题，加以归纳、梳理""梳理影响中国现当代文学发展的重要作家作品""将研读学术著作过程中生成的关注点、问题点、质疑点等进行梳理概括，形成专题"等。①

较之 2004 年实验教科书"梳理探究"中出现的"15 个专题"（如"优美的汉字""奇妙的对联""新词新语与流行文化""成语：中华文化的微缩景观""修辞无处不在""姓氏源流与文化寻根"等），2017 年版课标这一次在"学习任务群"里提到"梳理"的内容，就远远突破了先前偏重于"语言文字""文化常识"等内容的限制，走向了一个更为广阔的天地。据此，可断言：这是一次重大的突破。其价值巨大，意义深远。它必将极大推动教师和专家、学者对语文学习活动的深入观察和细致研究，使之由笼统、紊乱变得路径清晰和内涵显豁，更加符合语文学习的内在机制、规律和逻辑，让它成为一门严谨、规范、可操作性强的科学，促进语文学习向专业化的方向发展。

---

① 中华人民共和国教育部.普通高中语文课程标准（2017 年版 2020 年修订）［S］.北京：人民教育出版社，2020：11—32.

二、"梳理""探究"的内涵及思考

"梳理"作为一种语文学习活动或者阅读方法，古人今人却很少有明确的表述，一些人只是用了某种相近或者类似的说法，如"归纳读书法""拆解读书法""列表归纳法""知识树读书法"等，甚至有人就直接叫作"梳理读书法"。可究竟怎么"梳理"却没有明说或定论。倒是有研究者说，在《普通高中课程标准实验教科书·语文·教师教学用书》中找到了对"梳理"的些许解释，即"'梳理'，就是对过去学过的知识进行系统的整理，是一种重新学习的过程。通过梳理，学生对知识有了新的认识和体验，从中掌握规律性的东西"[①]。可我翻遍了该书，也没能找到这一解释的具体出处，就算有这样的解释，我以为也是不够严谨和科学的。

2017 年版课标把"梳理"与"阅读""鉴赏""表达""交流""探究"合在一处表述，将"梳理与探究"并列起来，或者说是一种前后承接关系，其意义在于表明这六种语文学习活动尤为重要。当然，"探究"后一个"等"字也说明还有很多其他的语文学习活动或者阅读方法。然而，"阅读与鉴赏、表达与交流、梳理与探究"这六要素的组合是要告诉我们什么呢？六要素之间是一种怎样的关系呢？它们有没有一个内在的、合理的逻辑顺序呢？我们试做一点"刻板"的辨析。

毋庸置疑，语文学习是从"阅读"文章或著作开始的，但接下来并不一定就能够让人学会"鉴赏"，如我们在课堂上常见读了课文之后的"说说'某某'好在哪里？"等。只有运用了"梳理"这种方法，你才能够学会"鉴赏"或"审美"。那么，什么叫"梳理"呢？一般人按字面会脱口而出"爬梳整理"。那又该怎样去"爬梳整理"呢？我们认为，就是要运用分类（含"多级分类"）、统计、排序或列表（含"思维导图"）等方法去进行"爬梳整理"。对专项的知识、常识也好，对专题或"整本书"的内容、材料也罢，只要一经分类、统计、排序或列表，你就一定会对这些知识、常识或者这些

---

① 李政富，王振阳. 浅谈"梳理与探究"板块教学［J］. 教育，2015（12）.

内容、材料进行观察、审视、聚焦、放大、比较、辨别、假设、想象、预测、联想、质疑、推理、判断、确认等"动作"，而这后续的一系列"动作"，就是我们所说的"探究"（探索研究，探寻追究）。有了这些"探究"，便可以看出事物之间的差异（差别）与关联，就会思考什么样的表述、评价或者结论是恰当的、合适的、合理的、正确的，甚至有些表述、评价或者结论是具有"真理"的根本属性的，就能够学会"鉴赏"或"审美"。换言之，只有做足了前面这些"输入"的功夫，才有可能有后来"输出"即"表达与交流"的顺利进行。在这里补充一句："梳理与探究"并非是并列关系，而是一种前后承接的关系。因为在整个学习的过程中，上述六要素或者更多的要素，常常是即时或者同步进行的。为此，我们得出结论：紧跟在"阅读"之后的"梳理"，应该是我们语文学习特别是高中语文学习的"牛鼻子"。牵住或拽紧了这个"牛鼻子"，语文学习或者阅读之后的"探究""鉴赏""表达""交流"等，才会纲举目张或水到渠成。

然而，这么多年来，因为不明就里，我们的高中语文学习是"徒有其表"进而是"乱象丛生"的。如上课我们要求"阅读"，学生便齐读、个人读、小组读、男生读、女生读、反复读等，读得不亦乐乎，也好不热闹。又如上课我们要求"探究"，学生就我提提问、你说几句、他讲一通，我问你说他讲还嫌不够，那就班级讨论、小组交流、演讲会、辩论会等一齐上阵，可到头也没能问出个"子丑寅卯"或说出个"甲乙丙丁"来。究其原因，就是长期以来，有一种非常重要的学习活动或者学习方法——"梳理"——被我们高中语文教师忽视或者忽略了。可以说，没有"梳理"就没有"探究"；不对学习内容或材料进行分类、统计、排序或列表，你根本就不可能进行后边的观察、审视、聚焦、放大、比较、辨别、假设、想象、预测、联想、质疑、推理、判断、确认等。反过来推演，没有了"梳理与探究"，你那些"阅读""鉴赏""表达""交流"就很可能是肤浅、空洞的，是有失偏颇甚至是错误的，是没有深度、广度、力度甚至是毫无意义和价值的。套用一句"未经思考的生活是不值得过的"，我们也可以这样说："未经'梳理'的知识、常识或者内容、材料的学习是不值得'探究'的。"如果你非要"探究"，那也只能是"认真地胡闹",或者是在"假装学习""假模假式地提问"罢了。或许,也正因为是只关注到"一头一尾"的"阅读"与"表达",没能悉心探明这居于中间位置的"黑箱",即"梳理"与"探究"的具体内涵,于是,我们就只能是在"黑箱"里"瞎转悠"或是"盲人摸象"而找不到"出路"吧。

三、"梳理""探究"的实践与探索

高中语文学习尽管有"学习任务群"、专题学习、整本书阅读、思辨读写、主题阅读、比较阅读、群文阅读、项目学习等各种不同的说法,但就学习材料而言,也都还是我们常见的单篇课文的组合。为此,无论是读"文",还是读"书",我们都首先要从文章或著作的内部去做"梳理";如果从内部做"梳理"还不能达成目标,再从外部寻找相关资源,即从一些专家、学者对"这篇文"或"这本书"的解释、分析、评论等去做"梳理"。当然,很多时候是内(内部)外(外部)并举,形成合力,才能更好地理解文章或著作的人物形象、思想内容、环境背景和艺术表现。

下面,举出学生做专题学习或整本书阅读的几个例子来说明。

1. 内部着力,"梳理"文章或著作的人物形象,分析人物性格

如做《论语》整本书阅读。依次"梳理"在《论语》中出现41次的子路,38次的子贡,21次的颜回、子夏,18次的子张,16次的冉求,15次的曾参,以及10次以下的言偃、冉雍、樊须、宰予、公西赤、闵损、冉耕等。然后再"梳理"占《论语》内容或篇幅最多的老师孔子(梳理其生平事迹、教育思想和治国理念),这样就能更好地读懂《论语》。以"梳理"子路为例,看一下具体的步骤。

用表格梳理《论语》中仲由(子路)出现41次的章节(见表1,附示例)。要求:①阅读并今译这些章节;②用横线画出子路的语言、表情、行为等句子;③推断子路在为人、做事等方面的性格特点,并用一段话概括或描述子路的性格特点。

表 1　梳理《论语》中仲由（子路）出现 41 次的章节

原文及出处	今译	子路的性格特点
1.子曰："由，诲女知之乎？知之为知之，不知为不知，是知也。"（《为政篇》）	孔子说："仲由，我教你的（知识），知道了吗？知道就是知道，不知道就是不知道，这才是明智的态度啊。"	（前期）好自我表现，不懂装懂

　　"梳理"完表 1 中的内容，我们不难发现，子路的性格中尽管存在不少缺陷，但其主要特点不仅是"不耻下问"（问得多、好问），而且是敢于"提问"（内容集中在"政事"方面，还有"鬼神""死"的内容），甚至是一位敢作敢为、敢于向老师说"不"的学生（如"子路不说""子路不对"）。而这在孔门弟子中是绝无仅有的。这样，由子路进入，沿子路而下，依次"梳理"其他弟子出现时的语句，"探究"其性格，就能够做到举一反三，触类旁通。如当学生看到"读了《论语》，在孔子的众弟子之中，你喜欢颜回，还是曾参，或者其他哪位？请选择一位，为他写一段评语。要求：符合人物特征。150—200 字"① 这样的题目时，便不会断章取义，以偏概全，得出一个似是而非或前后矛盾的结论。

　　2. 内外合力，"梳理"语句的不同解释和人物的复杂情感，辨析文句意义

　　如大家所熟知的《子路、曾皙、冉有、公西华侍坐》章。首先"梳理"专家、学者对"率尔"和"哂"的不同解释：徐志刚"注释"为"轻率地，急忙地"和"微笑，讥笑"②；李零理解为"不假思索、脱口而出"和"嘲笑"③；杨伯峻"译文"为"不加思索"和"微微一笑"④；李长之的人物传

---

① 2018 年高考语文北京卷第 23 题"微写作"第③小题。
② 徐志刚.论语通译［M］.北京：人民文学出版社，2000：142—143.
③ 李零.丧家狗：我读《论语》［M］.太原：山西人民出版社，2007：219—220.
④ 杨伯峻.论语译注［M］.北京：中华书局，1980：120.

记解读为"不假思索"和"大笑"①。然后认真阅读司马迁《史记·仲尼弟子列传》中关于子路的部分。再比较《论语》中子路两次志向的差异：早期志向是"愿车马衣轻裘，与朋友共，敝之而无憾"；后期志向转变为"千乘之国，摄乎大国之间，加之以师旅，因之以饥馑，由也为之，比及三年，可使有勇，且知方也"。学生就会发现：子路前期的志向属朋友交往（义气），后期的志向是治国安邦。这是子路勤奋求学、艰难思考和勇于实践的结果。据此，"率尔"解释为"早已成竹在胸却心直口快或锋芒毕露"，才最为确切。

而继续"梳理"《论语》中孔子对子路的表扬和批评的章节或内容（见表2），就更可以看出孔子对子路的复杂情感：既极度喜爱（爱之深），又忧心忡忡（责之切，如"好勇过我""不得其死"）。如此，学生便不会将"哂"解释为语义含混的"微笑"或令人费解的"大笑"，更不会理解为老师"嘲笑"和"讥笑"学生。因为在这里，老师既看到了子路在学业、志向上的成长或进步，也看到了他在性格上存在的致命弱点或缺陷；既饱含着欣慰，也深藏着隐忧。要知道，子路可是一位在孔门弟子中由一介村夫成长为一方良吏的最优秀的学生。老师见其学业、才干精进，怎能不欣喜？见其个性在求学经历中又没能完全消磨，又怎能不担忧？

表2 梳理《论语》中孔子对子路的表扬和批评

孔子的表扬	孔子的批评
	由，诲女知之乎？
道不行，乘桴浮于海。从我者，其由与！	由也好勇过我，无所取材。
千乘之国可使治其赋也。	不知其仁也。
由也果，于从政乎何有？	

① 李长之. 孔子的故事［M］. 北京：北京出版社，2002：37—38.

续表

孔子的表扬	孔子的批评
	暴虎冯河，死而无悔者，吾不与也。
	久矣哉，由之行诈也！
衣敝缊袍，与衣狐貉者立，而不耻者，其由也与？	是道也，何足以臧？
	若由也，不得其死然。
由也升堂矣。	未入于室也。
由也兼人，故退之。	
	是故恶夫佞者。
	为国以礼，其言不让，是故哂之。
片言可以折狱者，其由也与！	
	野哉，由也！君子于其所不知，盖阙如也。

3. 由内至外，"梳理"并"探究"作品的思想意蕴或人物的丰富内涵

如做"读《史记》"专题。研读《项羽本纪》（《鸿门宴》片段）和《高祖本纪》。要找到项羽失败的原因，以及统摄这些失败原因的关键，单靠分析文本中项羽的言行，固然能看出是性格缺陷导致了他坐失良机。但如果还能够对刘项两个阵营里的人物做一个"梳理"，"探究"不同人物的性格和各自阵营的特点（见表3），就可以得出：是项羽阵营里的"内部分裂，上下离心"致使他遭受失败的命运。然而，这些都还不是项羽失败原因的关键。只有把项羽自己对失败的看法，以及同时代的刘邦、王陵、韩信、陈平等人，作者司马迁、今人吕思勉、徐复观等人对项羽失败的看法——"梳理"出来（见表4），然后由果寻因，才能够推断出：项羽的失败，关键在于他楚国贵族出身的世界观（用已经落伍了的分封诸侯方式，而非适应时代的郡县治理方式；或者前后过渡，由分封到郡县）和用人观（任人唯亲而非唯才是举；周王朝西周以后贵族没落，平民英雄的崛起）与时代潮流的相背离、相对抗，

是其"倒行逆施"所带来的必然结果。①

表3　梳理、探究《鸿门宴》中刘项两个阵营的人物性格及阵营特点

阵营	主帅刘邦	谋臣张良	武将樊哙	耳目曹无伤	阵营特点
刘邦阵营	机智善变 知人善任	忠义智勇 临危不乱	忠心果敢 智勇双全	不忠不义 卖主求荣	上下同心 配合默契
阵营	主帅项羽	谋臣范增	武将项庄	耳目项伯	阵营特点
项羽阵营	恃才自负 幼稚轻信	深谋远虑 急躁易怒	似巧实拙 有勇无谋	知恩图报 重情愚钝	离心离德 任人唯亲

表4　梳理对项羽失败的看法

项羽	此天之亡我，非战之罪也。
刘邦	能用张良、萧何、韩信三杰，项羽仅有一范增而不能用。
王陵	刘邦能与天下同利，赏赐大方；项羽反之，且猜忌贤能。
韩信	项羽不能任贤将；舍不得分封功臣；不居关中；背义帝之约，分封不公……
陈平	项羽论功行赏不干脆。
司马迁	舍关中而都彭城；放逐义帝而自立，诸侯效法而叛；自矜功伐，奋其私智而不师古，想凭借武力经营天下。
吕思勉	盖项氏故楚世家，其用人犹沿封建之世卑不逾尊、疏不逾戚之旧，汉高祖起于氓庶，则不然也。然是时知勇之士，固不出于世禄之家，此其所以一多助，一寡助乎？
徐复观	领导人民（亡秦）的，却可分为两大集团：一是平民中的野心家，一是六国的残余贵族……（项羽）忽视了新起的平民野心家……

---

① 林聪舜. 史记的人物世界［M］. 台北：三民书局股份有限公司，2003：68—94.

4. 内部着力，关注、"梳理"并"探究"文章或著作的"细枝末叶"

如做"走进鲁迅世界"专题（《呐喊》《彷徨》）。我们当然可以梳理、探究《呐喊》《彷徨》的一些宏观议题，像其中的女性角色、知识分子角色、"看客"角色、第一人称"我"的角色等。但着力关注"梳理"并"探究"文章或著作的"细枝末叶"，仍是我们专题学习的基础或根本。如阅读《药》和《祝福》，我们就借鉴了王白云的研究，让学生"梳理"小说《药》里的颜色和《祝福》中出现的"经济数据"。

《药》写到的颜色约有 28 处，其中红色 6 次、白色 12 次、黑色 8 次、乌蓝 1 次、碧绿 1 次。黑色成为小说无可争议的主色调，如"秋天的后半夜""街上"是"黑沉沉的"，刽子手"浑身黑色"，烤熟的人血馒头整个是"乌黑的"等，从整体空间到具体事物都显得沉重而令人恐惧，暗示了当时社会环境的阴森恐怖和恶势力的强横暴虐。红色有着更多的层次和内涵，如士兵"号衣上暗红色的镶边"（令人压抑、恐惧），"鲜红的馒头"（让人惊悚万分），坟上"一圈红白的花"（虽然微弱，但毕竟有一点希望）等，体现了当时社会观念与革命斗争的复杂状态。至于次数最多的白色，如"青白的光""灰白的路""惨白的脸"，焦皮馒头里窜出的"一道白气"等，则带着一种浓重的凄凉而虚浮的气息，象征着社会上数量最多但社会影响力最弱的客观存在。三种颜色综合效应再现出当时的沉郁、复杂、洋溢着"恶气"和"鬼气"的社会环境。

而在《祝福》中，写到的"经济数据"共有 7 处，可供分析的有 4 处：

福兴楼的清炖鱼翅，一大盘，1 元。

祥林嫂初到鲁镇帮佣，每月 500 文，时值 0.5 元。

祥林嫂被婆婆卖到山里，价值 80 千，即 80 元。

捐门槛价目大钱 12 千，即 12 元。

在这个社会，上层人物享用一盘"价廉物美"的鱼翅，是当时社会下层年富力强、"安分耐劳"的女工的两个月工钱。"年纪大约二十六七""模样还周正""安分耐劳"的妇女，身价包括人权相当于 80 盘鱼翅、等值于 6.67 个木制的门槛。勤苦能干的女工，始终没能享用自己劳动所得的分文；

夫权的代表婆婆从她的身上抢掠了她前半生中劳动所得的全部；她还积极主动地将她后半生中劳动所得的全部奉献给神权的象征——"门槛"。鲁四老爷们对劳动者剥削之狠毒，婆婆们对儿媳欺凌之残忍，"门槛"们对世人毒害之深重，有进步倾向的"我"的首鼠两端，社会最下层的祥林嫂们的不幸和愚昧，整个社会的状态和悲哀都可以从这些数据的"梳理"中或比较或推理而得知。①

四、结语

学习或者阅读文章或著作，不仅要"读过"，而且要"读懂"。可以说，只有切实有效地开展"梳理与探究"这样的活动，才有可能真正"读懂"作品。而在高中阶段的语文学习，无论是"阅读"还是"表达"，尤其应该这样。如我们做专题学习或整本书阅读的最后一步——学生写作论文，那真是一场脱胎换骨、"痛并快乐着"的"梳理与探究""表达与交流"。

我们常常看到一些说法是，语文要学好，就是要"多读多写""多背多记""多读课外名著""不要只读语文教科书""要快速浏览，获取信息""要学会质疑、提问"等。这都是"正确的废话"。既然已经知道"梳理与探究"这种更高层次的学习活动能给高中生的语文学习带来实质性的改变，我们就不能像古人说的那样"莫把金针度与人"；不能整日迷失在"以其昏昏，使人昭昭"的讲授里，受困于"死记硬背"的记诵中；不能总做"蛋生鸡，鸡生蛋"泥足深陷式的讨论或"脚踩西瓜皮"漫无边际般的交流。要知道，大千世界的万事万物，哪一样不是存在于一个"物以类聚，人以群分"的类属和序列的关系当中？不信，我们还可以再到大超市或中药铺去看看，哪一样货品或药品不进行着分类、存储？只要你把这"天""地"②"人""事""物"都摆在"桌面上"，给它们列列清单、排

---

① 王白云.教有术　育有道——白云教育教学文集［M］.上海：上海交通大学出版社，2013：153—156.

② "天""地"即时空。

排顺序，对它们进行分类、统计、排序或列表，你就一定会去观察、审视、聚焦、放大、比较、辨别、假设、想象、预测、联想、质疑、推理、判断、确认等，因为这是人的"天性"。

"梳理"无处不在。我们现在应该迫切去做的，就是要把平时或者过去我们"无意识"做到或者做过的这种学习活动或方法，做成一种"有意识"、有专业水准的语文学习活动，让教的人知道应如何教，学的人知道应如何学，考的人知道该怎么考。两千多年前，孔子教导子贡说："工欲善其事，必先利其器。"（《论语·卫灵公篇》）什么是"器"？就是工具和方法。而我们只有将治学方法示人，让语文课标落地，高中语文那些不顾年龄、不分学段的读一读、背一背，没有"梳理"就敢想一想，就敢大胆质疑、提问、探究的缺少学理的教法或学法，才能够得到纠正；高中语文教师的教法滞后于学生学力的这一深层次的难题，才能够得到有效解决；高中语文学科的核心素养才能够得到有效、切实的提高。

"要把金针度与人"

—— "分类"哪些"知识"，怎样进行"多级分类"

传说，在一千多年前的唐代，有一位心灵手巧的少女，叫采娘。她不满足于现状，在家中摆上香炉，祈祷着织女的到来。就在第七天的晚上，织女坐着一辆彩车来了。织女问："你还要祈求什么呢？"采娘说："我希望自己变得更加心灵手巧。"织女于是给了她一根金针……果然，三天后，采娘什么都会做，而且做得好。不久，她便声名远播。再后来，人们就把"金针度人"比喻为把高明的做事方法和本领传授给别人。

把"金针度人"，这确实是千百年来人类不懈的追求。1997年8月，我国上海三联书店出版了一本超级畅销书，书名叫《学习的革命》。据说仅一年时间，这本书就发行了近千万册。它还有一个副标题，叫"通向21世纪的个人护照"。在这本书里，作者珍妮特·沃斯和戈登·德莱顿彻底颠覆了我们以往对"学习"的理解。他们认为，"怎样学习"比"学习什么"更重要；学校"最重要的应当是两个'科目'：学习怎样学习和学习怎样思考"①。于是，之后的近20年，在我们国家、社会、学校和大众等层面，出现了从关注

---

① ［美］珍妮特·沃斯，［新］戈登·德莱顿. 学习的革命：通向21世纪的个人护照［M］. 顾瑞荣等译. 上海：上海三联书店，1997：73.

"怎么教"到关注"怎么学"的转移，出现了"人是如何学习""人怎样才能掌握求知方法和本领，从而获得正确、可靠的知识"的大讨论。然而，就语文学科来说，近20年来，对"怎么学"的实践、思考、研究与探索，进展却是缓慢甚至是停滞的，特别是在基础教育的高年级学段，基本上没有什么实质性的突破或改变。

那么，学生在学校是怎样学习语文的？语文学习又是怎样"发生"的？语文教师要怎样做，才能够把对学生一生都有用的方法、门径、本事和本领传授给学生呢？

在上一讲里，我们说到"梳理"是指运用分类、统计、排序或列表等方法去进行"爬梳整理"。在这一讲，我们想进一步明确和强调："梳理"中"分类"的这一方法，应居于其他各种方法之首位。因为"分类"是对混乱或无序的"知识"进行审视、比较、区分，在认识上建立起秩序，求得"知识"确定性或结构性的最为有效的方法。诺贝尔奖得主、认知科学创始人赫伯特·A.西蒙就把"分类"看作是科研工作的起始，他说："理解任何一组现象的第一步，是了解这些现象包括哪些事物——即建立一门分类学。"[①] 而我国学者陈洪澜也提到："知识分类活动是一个对知识进行普查、筛选、过滤、鉴赏的过程。每一次知识分类都会对知识进行重新的审视和反思。通过分类活动，我们筛去了那些肤浅、无用、重复与假冒的知识，既提高了知识的精确性，也使知识体系之间的关系更加协调。"[②]

下面，我们就从专题学习或整本书阅读中选出一些案例，说说"分类"具体指向的"知识"类别，以及学生需要进一步学习知识"多级分类"（一说"逐级分类"）的方法或开展的活动，以期让学生扎实掌握对自己一生有用的治学方法、读书门径或实实在在的本事。

---

① ［美］赫伯特·A.西蒙.人工科学［M］.武夷山译.北京：商务印书馆，1987：133.
② 陈洪澜.知识分类与知识资源认识论［M］.北京：人民出版社，2008：134.

一、"分类"哪些"知识"

对高中生而言，"分类"是一种急需掌握而且非常重要的学习方法或思维工具。这种方法或工具，既可以从设计或组织的学习活动中获得，也可以从借鉴专家、学者的研究探索中掌握。从专题学习或整本书阅读的实践来看，学生最需要"分类"的"知识"类别大致有三项：第一项是语言、常识类知识；第二项是结构、形式类知识；第三项是思想、内容类知识。具体要"分类"哪项"知识"，又需要以依据学情而制定的学习目标和选定的课程内容来考虑。

1. 对语言、常识类知识的"分类"

在专题学习或整本书阅读过程中，所谓语言、常识类知识，是指语言文字、文学常识等基础或背景方面的知识。其中，文学常识类知识又包括作者的生平事迹、生活环境和作品的时代或背景等。

如在高二年级下学期进行"读莎士比亚"专题。考虑到高中生在这之前已读过一些莎士比亚戏剧作品，但对莎士比亚本人及莎士比亚戏剧中一些经典作品的了解恐怕还不够深入，于是，在"泛读概述"环节，我们选入程雪猛、祝捷的《莎士比亚的生平与戏剧创作》①长文（近一万字）给学生做"分类"梳理，目的是让学生对莎士比亚这位伟大的戏剧家的生平事迹和戏剧创作有一个较为全面而深入的了解。而对这样背景信息的了解，也有利于学生之后更好地理解莎士比亚的戏剧作品。具体学习活动设计如下：

用分类、列表方式（见表1，附示例），提取《莎士比亚的生平与戏剧创作》一文的重要信息。要求：按表格给出的项目，对文章的重要信息按时间先后顺序加以概括或提炼，理清并记住莎士比亚生平事迹中一些主要或关键性的时间、地点、事件以及创作（没有可填"无"）。

---

① 程雪猛，祝捷. 解读莎士比亚戏剧［M］. 武汉：武汉大学出版社，2008：14—28.

表1 莎士比亚生平事迹中主要或关键性的时间、地点、事件以及创作

时间、地点	主要或关键性事件	创作
1564—1590年在斯特拉福	1. 祖父理查·莎士比亚是一个农民。父亲约翰·莎士比亚在斯特拉福主要从事皮革加工生意。母亲玛丽·阿登是当地的名门望族之后。 2. 七岁进入斯特拉福文法学校念书。 3. 十三岁辍学在家做工。 4. 十八岁与邻村一个富裕农民家庭的女儿安妮·哈瑟薇结婚。 5. 二十一岁离开故乡到伦敦闯世界。	无

在"泛读概述"环节,这样的"分类""列表"梳理学习活动还有很多,如"读《诗经》"专题学习"绘制一幅体现自己个性并具有现代风格的'十五国风地图'";《论语》整本书阅读"给孔子梳理一个年谱简表",让学生"画一幅孔子师徒团队'周游列国'路线图"等。学生既可采用表格方式,也可做成思维导图。可以说,在我们每一个专题学习或整本书阅读里都有一项这样的前置活动。这样的学前预热,不能简单看作是对背景信息一般性的了解,它还能把学生带入一种跃跃欲试的学习状态,能进一步激发学生的好奇心和求知欲,为后续学习打下基础。

又如在高一下学期做《论语》整本书阅读。虽然在"语言目标"中,要求"阅读、梳理、理解和运用《论语》中有生命力、有表现力的语言"是设置在"三维目标"的第一句话,但这并不是说学生要去事先完成这样一项梳理学习活动。因为,未经理解的语言,学生无法灵活运用。只有经过了阅读、梳理、鉴赏和探究等学习之后,学生"存乎于心",方可"运用之妙"。而且,也只有经过长时间的浸润、积累与运用,学生才能够逐渐感受或领悟"汉语是母亲河""汉语是回家的路"这样话语的深刻含义。下面,举出《论语》整本书阅读结束后,学生整理书中出现的成语、名句的例子来说明。

用列表方式（见表 2，附示例），整理出《论语》一书中有生命力和表现力的成语、名句。要求：①不少于 80 句；②要写出原句、释义① 和出处。

表 2　《论语》中有生命力和表现力的成语、名句

成语、名句	释义	出处
学而时习之	学习了就要常常去温习、实践	《学而篇》
众星共之	群星都环绕在它（北极星）的周围	《为政篇》
是可忍也，孰不可忍也	这事如果可容忍，那还有什么事不可容忍的	《八佾篇》

关于语言要求"阅读、梳理、理解和运用"这一项学习活动，其内容大多出自我国古代诗文词曲类专题学习或整本书阅读，如《诗经》、《论语》、《史记》、李白、杜甫、苏轼、《红楼梦》等。西方经典名著如《哈姆雷特》等也可以做一些名言、名句整理。比较合适的做法是放在学生完成整个专题学习或整本书阅读之后，也就是到学生完成论文写作之后。

2. 对结构、形式类知识的"分类"

在专题学习或整本书阅读过程中，所谓结构、形式类知识，是指作品的结构样式或者叙述的方式、线索、脉络和顺序等方面的知识。当然，不同内容的作品，所表现出来的结构、形式也不一样。叙事类作品反映故事的进程、情节的开展或历史的演变；论述类作品论证事物、事件或事实的内在关联（关系）、逻辑，揭示其本质。

先以《红楼梦》整本书阅读前五回结构、形式的"分类"梳理为例。

阅读这部大书，很多学生迈不过的"第一道坎"就是前五回。在前五回里，作者的笔触神秘而魔幻：一会儿仙界，一会儿人间，一会儿梦境，既充满了浪漫、诡异、离奇的色彩，又有着对现实生活的折射与映照，既有全书

---

① 释义也是"分类"，可看出表现哪方面的内容，如文句的褒贬等。

在宏观上的总体安排和布局,又有在幽微处设置无数令人遐思的悬念和伏笔,天上地下,亦真亦幻,虚虚实实,时隐时现,确实会让人一时半会儿摸不着头脑。然而,仔细"分类"梳理这前五回的人物出场和故事情节就会发现:作为这部章回体长篇小说的"总纲",它大体出现了统领全书的三个神话故事和三个现实故事,即"炼石补天""绛珠还泪""太虚幻境"和甄士隐入道、林黛玉进京、贾雨村断案,以及三个过场人物,即甄士隐、贾雨村和冷子兴。作者通过这三个过场人物,将很多故事逐一连缀,如画卷般次第展开,把镜头逐步推近贾府,把主要人物送进贾府。具体学习活动设计如下:

"分类"梳理并概括前五回的人物出场和故事情节(见表3,附示例)。要求:①按前五回行文顺序,依次填写表格(语言要简练,不要遗漏项目);②说说每一回目作者的目的或作品的寓意;③说说《好了歌》、"护官符"和《红楼梦十二支曲》所隐伏的作者的寓意或作品中人物的命运;④从整体上思考,前五回最主要的作用。(第③、④条要求的思考或答案可附在表格之后)

表3 《红楼梦》前五回的主要内容

回目	仙人仙物或神话故事	出场或过场的现实人物及情节	目的或寓意
第一回	1. 女娲,此石;→一僧一道,此石,这石,石头,美玉;→空空道人,石头,石兄,情僧;→〖入梦〗一僧一道,"蠢物",绛珠草,神瑛侍者,美玉;→〖梦醒〗一僧一道;→跛足道人。 2. 炼石补天;绛珠还泪。	1. 甄士隐(名费);英莲;一僧一道;贾雨村(名化);丫鬟(娇杏);霍启;封肃;跛足道人。 2. 甄士隐"入梦"问僧道;→甄士隐"梦醒"见僧道;→甄士隐、贾雨村两次相见;→甄士隐助贾雨村进京求功名;→甄士隐遇跛足道人念《好了歌》离家入道。	1. 言石头入世;说"一段故事"(这部作品);道"木石前盟"。 2. 以甄出世、贾入世做对比。 3. 以甄家荣枯预示贾府盛衰。

尽管前五回的内容繁复，头绪交错，但却一脉而下地道出了"炼石补天""绛珠还泪"的神话故事、甄家荣枯及甄士隐出世入道、冷子兴说宁荣两府及主要人物、主人公宝黛亮相、门子说"私单"社会关系网、第三主人公宝钗登场，以及"太虚幻境"暗示一大批人物的命运和结局等内容。"分类"梳理并概括作者这种由远及近、由外入里，行文如榫卯咬合般的结构线索，学生就能看到贵族之家繁文缛节的礼仪、钟鸣鼎食的生活、炙手可热的权势，更可体会世态的炎凉、人情的冷暖、人物命运的悲辛与荒诞，以及作者对历史、对人生深重的感慨与悠长的叹息。

在此补充一句，之所以在上述活动中强调"分类"梳理并概括前五回的主要内容是指人物出场和故事情节，是要提醒我们，高中生不是红学家，不要在"绛珠草"等神话原型，或在"金陵十二钗"的"正册""副册""又副册"及《红楼梦十二支曲》上做过多"逗留"（或大讲特讲）。前五回，甄士隐带出贾雨村，贾雨村带出冷子兴，再牵出林黛玉……曹雪芹最主要目的是要对全书的背景做一个全面、大致的介绍，要让一个个重要人物悉数登场。

再以"走进鲁迅世界"专题学习对小说（《呐喊》《彷徨》）不同形式的"分类"梳理为例。

《呐喊》《彷徨》一共收录了鲁迅 25 篇小说。从形式（体裁、结构、手法及风格等）的不断创新可以看出，它们是以鲁迅探索和创造现代文学"新形式"的面目出现的。在 20 世纪 20 年代，茅盾在他的《读〈呐喊〉》一文中就说道："在中国新文坛上，鲁迅君常常是创造'新形式'的先锋；《呐喊》里的十多篇小说几乎一篇有一篇新形式，而这些新形式又莫不给青年作者以极大的影响，欣然有多数人跟上去试验。"① 当代学者李欧梵在他的《铁屋中的呐喊》一书中也说道：

　　仅仅把鲁迅各篇小说中的试验开列出来，就给人以十分深刻的印象。在《狂人日记》中他将日记形式转为几乎是超现实主义的文

---

① 雁冰.读《呐喊》［N］.文学周报（第 91 期），1923-10-8.

本，后来的各篇又进行了各不相同的试验，如人物描写（《孔乙己》
和《明天》）、象征主义（《药》）、简短复述（《一件小事》）、
持续独白（《头发的故事》）、集体的讽刺（《风波》）、自传体
说明（《故乡》）、谐谑史诗（《阿Q正传》）。在后期更成熟
的《彷徨》诸篇中，他又扩展了讽刺人物描写的反讽范围（《幸福
的家庭》《肥皂》《高老夫子》《离婚》），也扩展了在那些较抒
情的篇章中感情和心理撞击的分量（《祝福》《在酒楼上》《孤独
者》）。此外，他还试验了对日记形式的更加反讽的处理（《伤
逝》）和一种完全没有情节的群众场面的电影镜头式的描绘（《示
众》），还有对某种非正常心理的表现（《长明灯》《弟兄》）。
对于业已熟悉鲁迅小说的读者，我上面所列的种种技巧试验的名称
只不过是一些简略的概括，还需要进一步作详细的评价。但由于这
里只是对鲁迅小说方式作一般的谈论，我只能以自己的理解为基础
来进行这样的艺术分类。①

那么，学生在做完"走进鲁迅世界"专题学习、对鲁迅小说有深入了解
之后，让他们也对鲁迅小说的形式做出"自己的理解"的"分类"，结果又
会怎样？试举一位学生"分类"作业的例子来看（见表4）：

表4　对鲁迅小说的形式做出"自己的理解"的"分类"

鲁迅小说形式	鲁迅小说篇目
"日记体"或"手记体"	《狂人日记》《伤逝》
"自传体"或"回乡体"	《一件小事》《故乡》《社戏》《祝福》《在酒楼上》
"看与被看"	《狂人日记》《孔乙己》《明天》《头发的故事》《药》《阿Q正传》《祝福》《长明灯》《示众》等

① 李欧梵.铁屋中的呐喊［M］.尹慧珉译.长沙：岳麓书社，1999：64.

鲁迅小说形式	鲁迅小说篇目
"舞台转换""双线并行"或"双重叙事"	《药》《祝福》
"全知视角"	《药》《明天》《风波》《阿Q正传》《肥皂》《长明灯》《示众》《高老夫子》《离婚》等
"改造后章回体"或"谐谑史诗"	《阿Q正传》

学生对小说形式做这样宏观的"鸟瞰"，不仅能够看出鲁迅在几种形式交错娴熟运用中所呈现出来的具有超越时代的恢宏气象，还可以进一步领悟鲁迅在本着民族传统文化精髓、吸收外国先进现代主义表现方法上所表现出来的强大张力。无怪蔡元培用极致之语评之为"新文学开山"①，意即开创者、最高峰。

其实，无论是叙事类还是论述类作品，只要够得上优秀就一定是内容与形式的完美统一。让学生对这些优秀作品的结构、形式做梳理与探究，就一定可以窥见这些作家在作品构思（即叙述安排、推理论证等）上的缜密与精微。

3. 对思想、内容类知识的"分类"

在专题学习或整本书阅读过程中，"分类"思想、内容类知识可算是一件重中之重的事。所谓思想、内容类知识，是指作品的环境、人物、主题、意象、概念等这些具有"实指性"的知识。限于篇幅，下面，仅从人物、主题两项各举一例来说明。

首先，举"读莎士比亚"专题学习哈姆雷特"延宕""分类"梳理的例子。

一直以来，哈姆雷特的"延宕"就是一个备受关注的议题，同时，也是在阅读或者观看《哈姆雷特》时一个谁都无法回避或者绕过去的问题。有人统计在批评史上对此评价的经典说法，竟达20条之多。下面，仅列出某位研

---

① 蔡元培.序[A].鲁迅.鲁迅全集[M].上海：鲁迅全集出版社（复社），1938：1.

究者归纳的 10 条有代表性的说法：①

（1）从气质禀性方面分析，认为哈姆雷特生性软弱，或者意志薄弱。（歌德和英国学者柯尔立奇）

（2）从剧作中人物的行为表现角度分析，认为"过多的沉思损害了行动"。（史雷格尔和柯勒律治）

（3）从人物的内在心理角度分析，认为哈姆雷特是因为情绪忧郁而延宕。（别林斯基、马克思和布拉雷德）

（4）角色与使命之间的距离造就了人物性格的延宕。（彼得·乌尔、德国批评家卡尔·魏尔德和中国"哈"评专家卞之琳）

（5）环境险恶、理想幻灭使他延宕。（L. 奈茨、卞之琳）

（6）延宕是自我中心主义的表现。（萨拉瓦多·德·玛达雷戈、R. 贝利和中国"哈"评专家孙家琇）

（7）延宕是他对旧式流血复仇行为本能地抵触表现。（孙家琇）

（8）延宕是精神失常的表现。（伊撒克·罗艾）

（9）延宕是俄狄浦斯情结在作梗。（恩奈斯特·琼恩斯）

（10）延宕是哈姆雷特惧当国王的心理反应。（中国学者袁宪军）

你看，这么多观点，我们总不能只用一句"一千个读者有一千个哈姆雷特"就敷衍过去吧？或者，我们也不能就简单把哈姆雷特看成是一个"大傻帽"或"神经病"吧？因为，这不是真正的"莎士比亚"，也不是真实的《哈姆雷特》。我们得从剧作本身去寻找答案。

在剧中，"延宕"表面是人物的行动迟缓，实际是人物的心理困境。而最能表现哈姆雷特心理困境的是他的内心独白。所谓独白，是指舞台上只有一个剧中人，或对观众或对自己"说"着台词。为此，在参照《莎士比亚专题研究》②一书"《哈姆莱特》专题：哈姆莱特的戏剧独白与复仇悲剧传统"③

---

① 罗文敏. 综观哈姆雷特性格延宕批评之得失——兼论哈姆雷特延宕之因［J］. 兰州交通大学学报（社会科学版），2004（2）.

② 张冲. 莎士比亚专题研究［M］. 上海：上海外语教育出版社，2004：274—281.

③ 哈姆雷特，此书译作"哈姆莱特"。

的内容后，我们先让学生"分类"梳理独白在该剧中出现的频率、位置及独白者为谁，概括主要内容并计算行数长度[①]，然后对其进行具体分析（见表5）。

表 5　独白在剧中出现的频率、位置、独白者、主要内容及行数长度

频率	位置（幕·场）	独白者	主要内容及行数长度
①	第一幕：第二场	哈姆雷特	对母后仓促再婚的反应。共20行。
②	第一幕：第二场	哈姆雷特	对"鬼魂出现"消息的反应。共4行。
③	第一幕：第五场	哈姆雷特	与鬼魂交谈后的反应。共14行。
④	第二幕：第二场	哈姆雷特	对戏班演出的反应。共39行。
⑤	第三幕：第一场	哈姆雷特	对生存与死亡的思考。共21行。
⑥	第三幕：第一场	奥菲利亚	对"疯王子"的反应。共8行。
⑦	第三幕：第二场	哈姆雷特	"戏中戏"后要采取行动的决心。共10行。
⑧	第三幕：第三场	克劳狄斯	在神坛前的忏悔。共26行。
⑨	第四幕：第三场	克劳狄斯	除掉哈姆雷特的计划。共8行。
⑩	第四幕：第四场	哈姆雷特	对小福丁布拉斯远征的反应。共24行。

　　统计独白频率可以发现，10段独白台词，属于哈姆雷特的就有7段；而这7段独白台词的长度，除了第2段仅有4行外，其余有两段10行以上，有4段20行以上。作为以对话为主要手段推动情节发展的话剧，这6段独白台词本身的长度，就能够证明其内心深处的撕裂、痛苦、压抑与矛盾。仔细梳理、研读这6段哈姆雷特的内心独白——台词①，他无法接受事实时的震惊与惶惑；台词③，他在了解真相后思绪的混乱与崩溃；台词④，他对拖延复仇行动的深深自责（即自我反省、批判与鞭策）；台词⑤，几个层面反映他思考的理智、审慎与周密；台词⑦，他决心采取行动，结果却错杀大臣波洛涅斯（该剧的一次重大"突变"或"陡转"）；台词⑩，小福丁布拉斯率大

[①]　按天津人民出版社 2012 年版朱生豪译文计。

军远征激励他最终放弃犹豫，进入复仇行动——就能够找到他迟迟不采取果断复仇的各种深层原因，这些原因包括伦理的、政治的、社会的、宗教的、传统的、个人的，等等。

对人物这类具有"实指性"知识的"分类"梳理，最应该引起我们注意的就是那些具有多样性和复杂性性格的人物形象。如《红楼梦》中的贾宝玉、林黛玉、薛宝钗和王熙凤；鲁迅笔下的阿Q；曹禺剧中的周朴园、鲁侍萍、周繁漪等。为了得出正确或者比较合理的结论，我们很有必要对其外貌、语言、行为、心理等进行全面而细致的"分类"梳理。

其次，举《红楼梦》整本书阅读主题研究"分类"梳理的例子。

《红楼梦》的主题是20世纪红学研究的一个重要问题。自"索隐派"提出"清康熙朝政治小说"，"新红学派"提出"自叙传说"之后，20世纪50年代后又先后提出"爱情主题说""政治历史主题说""家族衰亡史说""反封建主义说""歌颂女儿才华说"等共30多种不同的说法。虽然直到今天，对《红楼梦》的主题还没有形成一个比较接近的、令多数读者信服的观点，但20世纪在这方面研究所取得的成绩，还是为21世纪今天我们的学习或研究打下了坚实的基础。

2008年，我们将《红楼梦》纳入专题学习或整本书阅读课程。2019年之后，国家将《红楼梦》纳入统编高中语文教科书"整本书阅读"学习单元，而且，在"学习任务"一栏中还提出"查找关于《红楼梦》主题的研究论述，深入思考《红楼梦》的主题，写一篇综述"的要求。这样，梳理、探究和写作一篇与《红楼梦》主题有关的文章，就成为一项我们每一位高中生无法回避的学习任务。

那么，怎样完成《红楼梦》主题梳理、探究和写作的任务呢？"查找"相关"研究论述"，可我们总不能照搬结论却没有自己的思考和判断吧？我们还得从小说的内部去寻求，对其主题有一个相对比较正确或合理的解释和看法吧？下面，举出对《红楼梦》回目"分类"梳理的例子。具体学习活动设计如下：

按列表给出的要求，"分类"梳理《红楼梦》回目标题（见表6，表

7）。要求：①"分类"梳理第一组回目，找出点明居所及其盛衰变化的关键词（地点名词、事件动词）；②"分类"梳理第二组回目，找出点明众女子及其命运的关键词（称呼或形容众女子的名词、形容词或动词）；③综合两份表格整理的内容，思考并概括《红楼梦》的主题意蕴。

表6　"分类"梳理第一组回目，找出点明居所及其盛衰变化的关键词

回	目（标题）	关键词	变化
第二回	贾夫人仙逝扬州城 冷子兴演说荣国府	荣国府	盛
第九回	恋风流情友入家塾 起嫌疑顽童闹学堂	家塾，入；学堂，闹	
第十七回至 第十八回	大观园试才题对额 荣国府归省庆元宵	大观园，荣国府；题，庆	
第四十回	史太君两宴大观园 金鸳鸯三宣牙牌令	大观园；宴，宣	
第五十三回	宁国府除夕祭宗祠 荣国府元宵开夜宴	宁国府，荣国府；祭，开	
第五十六回	敏探春兴利除宿弊 时宝钗小惠全大体	除，全	衰
第七十四回	惑奸谗抄检大观园 矢孤介杜绝宁国府	大观园，宁国府；抄检	
第七十五回	开夜宴异兆发悲音 赏中秋新词得佳谶	发	
第一〇二回	宁国府骨肉病灾褀 大观园符水驱妖孽	宁国府，大观园；病，驱	
第一〇五回	锦衣军查抄宁国府 骢马使弹劾平安州	宁国府；查抄，弹劾	

表7 "分类"梳理第二组回目，找出点明众女子及其命运的关键词

回	目（标题）	关键词	命运
第三回	林黛玉抛父进京都	林黛玉	抛父（母亲离世）
第四回	薄命女偏逢薄命郎	薄命女（甄英莲、香菱）	被薛蟠霸占，后抑郁而死
第五回	游幻境指迷十二钗	十二钗	红消香断或四散飘零
第十三回	秦可卿死封龙禁尉	秦可卿	死封（死亡）
第三十二回	含耻辱情烈死金钏	金钏	情烈死（死亡）
第六十六回	情小妹耻情归地府	情小妹（尤三姐）	归地府（死亡）
第六十九回	觉大限吞生金自逝	（尤二姐）	吞生金自逝（死亡）
第七十七回	俏丫鬟抱屈夭风流 美优伶斩情归水月	俏丫鬟（晴雯）；美优伶（芳官、蕊官、藕官）	夭（未成年的人死去）；归水月（出家）
第七十九回	贾迎春误嫁中山狼	贾迎春	误嫁（后被虐待致死）
第八十回	美香菱屈受贪夫棒	香菱（甄英莲）	受棒（后抑郁而死）
第九十五回	因讹成实元妃薨逝	元妃（贾元春）	薨逝（死亡）
第九十八回	苦绛珠魂归离恨天	苦绛珠（林黛玉）	魂归（死亡）
第一〇〇回	悲远嫁宝玉感离情	（贾探春）	远嫁
第一〇九回	还孽债迎女返真元	迎女（贾迎春）	返真元（死亡）
第一一一回	鸳鸯女殉主登太虚	鸳鸯女（鸳鸯）	殉主登太虚（死亡）
第一一二回	活冤孽妙尼遭大劫	妙尼（妙玉）	遭大劫（被劫掳）
第一一四回	王熙凤历幻返金陵	王熙凤	历幻返金陵（死亡）
第一一五回	惑偏私惜春矢素志	惜春（贾惜春）	矢素志（出家）
第一一九回	中乡魁宝玉却尘缘	（薛宝钗）	却尘缘（宝玉出家，宝钗守寡）

　　《红楼梦》无愧是一部古代社会生活的百科全书。尤其是它不以波澜壮

阔的场面和曲折离奇的情节取胜，所展示的不过是日常的生活和情趣，那可是彻底打破了传统的写法。然而，就是这样一部大书，就是这样一种不同于以往的笔法，却实实在在考验着读者的耐性，也影响着我们对其主题的"一窥究竟"。但提取回目，从"管中窥豹"就不一样了。回目像人的一双双眼睛，是对每一章回主要内容的高度概括。"分类"梳理居所空间及众女子命运这两组回目，以此作为突破，虽"动刀甚微"，却能让其"謋然已解，如土委地"①。据此，学生便可毫无疑义地确认，这部大书的主题就是："大厦倾覆（见表6）；香消玉殒（见表7）"。你可以再想想，那亲眼看见"千红一窟（哭），万艳同杯（悲）"的可怜男子贾宝玉（从某种角度说，曹雪芹就是贾宝玉），眼见这贾府由盛及衰的过程，这众女子由聚而散而亡的命运，怎能不令人扼腕，不让人痛彻心扉。然而，不管你怎么"哭"，怎样"悲"，都不能阻挡这繁华落尽，这旧时代的衰颓，而这就是这部大书暗含的价值判断——"红楼一梦"。那么，作为教科书，要求"查找"相关"研究论述"，"思考"作品"主题"，"写一篇综述"，我想，既是一名高中生，总还是要表明一下自己的思考、探索、判断、立场和态度吧。而且，专题学习或整本书阅读所秉持的原则是：结论"是什么"或许不是很重要，而掌握一种方法，学会运用一种思维工具，学会批判性、创造性思考，这才是最重要的。

对思想、内容类知识的"分类"，除了有人物、主题之外，还有环境、意象、概念等。"环境"如《红楼梦》宁荣两府的建筑格局、内部摆设，大观园宝玉和众女子的居所等；鲁迅小说笔下的鲁镇和未庄；沈从文笔下的"湘西世界"等。"意象"如古今中外诗歌、小说、戏剧中的日月星辰、山水云雨、花草树木和鸟兽虫鱼；屈原《离骚》中的"善鸟香草""恶禽臭物""灵修美人""宓妃佚女""虬龙鸾凤""飘风云霓"②；海明威《老人与海》中的"大马林鱼"；曹禺笔下闪电不断、雷声隆隆的"雷雨"等。"概念"如《论语》中最重要的"君子""仁""礼"；《乡土中国》中最重要的"差

---

① 陈鼓应. 庄子今注今译［M］. 北京：中华书局，1983：96.
② 董楚平. 楚辞译注［M］. 上海：上海古籍出版社，2012：1.

序格局""团体格局""礼治秩序"等。总之，所有这些"知识"，都应成为我们学习时要敏锐捕捉或者重点关注的对象。

二、怎样进行"多级分类"

我们知道，在人类认知世界的过程中，人们总是依照事物、事件或事实的特性，把相同属性的"知识"集中在一起进行"分类"。然而，在很多时候，由于"知识"内部存在着比较复杂的关系（或称"多等级属种关系"），不少"知识"就会表现出较为混乱或者无序的状态。而仅仅完成上述划分"知识"的类别与范围，学生能够学到的也不过是"分类"梳理的第一步（也叫"一级分类"），并不能深入理解或深度解决在学习中遇到的更深层次的问题。

那么，学生怎样才能够进一步掌握"分类"梳理这种思维工具呢？我认为，就是要在"一级分类"的基础上，对这些复杂的"知识"进行第二次、第三次甚至更多次的"分类"，即"多级分类"或"逐级分类"。因为，只有在这样"多等级属种关系"的连续划分中，学生才能够对自己提出的观点或得出的结论做出最稳妥或最正确的判断与确认，才能够十分牢固地掌握这一思维工具的精髓与要义。

下面，举出"多级分类"（或"逐级分类"）两个具体的例子来说明。

1.《论语》整本书阅读仲由（子路）41 章"多级分类"举例

将孔门弟子在《论语》中出现的人数由多到少逐一统计出来，这是"一级分类"（学者李零统计为 29 人）；把出现次数最多的子路（共 41 次）的章节整理出来，这是"二级分类"（见"第七讲"）；重点关注"用横线画出子路的语言、表情、行为等句子""推断子路在为人、做事等方面的性格特点"，这是"三级分类"（见"第七讲"）。

可假如只做到"三级分类"，学生得出子路性格的结论或许就是：这只不过是一个"直率"、"勇敢"（敢问、敢说、敢做、敢承认、敢担当）且"喜怒形于色"的人吧。至于为什么说子路"是一位在孔门弟子中由一介村

夫成长为一方良吏的最优秀的学生",学生恐怕并不能够真正理解。为此,就需要学生进行"四级分类"。具体学习活动设计如下:

有学者指出,孔子"三十而立"开始招生。作为"少孔子九岁"(司马迁语)的第一期学生子路,应该是在 20 岁左右成为孔子的学生的。子路在老师去世(73 岁)前一年遇难,这可推算出子路追随老师约 43 年。43 年的岁月,当然不能简单得出子路的性格就只是"直率""勇敢""喜怒形于色"的结论。那么,除了这"直""勇"之外,我们还有什么发现呢?

按列表(见表 8)给出的要求,"分类"梳理子路前中后三期表现的主要章节(每期至少找出 4 章)。要求:①运用观察、比较、辨别、想象、预测等方法,推断出文字背后的情境或含义;②要看到一个人的成长或进步,进一步推断出子路完整的性格特征。

表 8 "分类"梳理子路前中后三期表现的主要章节

时期	子路表现的主要章节	性格特征
前期		
中期		
后期		

其实,让学生找出子路前期表现的章节并不困难。如"由,诲女知之乎?知之为知之,不知为不知,是知也""愿车马衣轻裘,与朋友共,敝之而无憾""子曰:'由之瑟奚为于丘之门!'门人不敬子路""子路曰:'君子尚勇乎?'""子路曰:'子行三军,则谁与?'"等。前期的子路年轻气盛,轻率、勇敢、直白、朴实,甚是可爱。这些事情大约发生在子路 35 岁上下。而让学生找出子路中期表现的章节,也还比较容易。如"子路问君子""子路问政""子路问事君""子路有闻,未之能行,唯恐有闻""子路终身诵之""子曰:'片言可以折狱者,其由也与!'""季氏将伐颛臾。冉有、季路见于孔子曰"等。中期的子路已知己不足,便勤学好问,而且问

的内容多与"政事"有关，政治才华初露端倪，为人行事变得深思熟虑，性格也慢慢沉静稳重下来（如"季氏将伐颛臾"一章，子路竟没有一句言语）。

然而，子路后期的表现，除了孔子评价和他肯定自己具有"政事"才能外，如"由也果，于从政乎何有""由也，千乘之国，可使治其赋也""子路率尔而对曰：'千乘之国……比及三年，可使有勇，且知方也。'"等，下面两段最著名的文字，却是很多学生容易忽略或者根本就察觉不到的：

> 长沮、桀溺耦而耕，孔子过之，使子路问津焉。长沮曰："夫执舆者为谁？"子路曰："为孔丘。"曰："是鲁孔丘与？"曰："是也。"曰："是知津矣。"问于桀溺。桀溺曰："子为谁？"曰："为仲由。"曰："是鲁孔丘之徒与？"对曰："然。"……（《微子篇》）

> 子路从而后，遇丈人，以杖荷蓧。子路问："子见夫子乎？"丈人曰："四体不勤，五谷不分，孰为夫子？"植其杖而芸。子路拱而立。止子路宿，杀鸡为黍而食之，见其二子焉……（《微子篇》）

你看，这就是55岁上下的子路。"周游列国"的他不是"打前站""问津"（有多次打探，有多处"问津"），就是"从而后"处理收尾工作。而且，在遇到隐者的不敬或失礼时，他脾气全无，还"是也""然"地回答，还"拱而立"施礼。由此，便可看出，后期或晚年的子路，已经达到礼、信、忠、勇、孝等各方面都很高的境界。再从《先进篇》"政事：冉有，季路"这一"光荣榜"（孔门十哲）就可以毫无疑问地说明：子路最终已经成为一位符合儒家标准的政治家了。当然，通观与老师的互动，他也算是"诤臣"的祖师爷。可假如不让学生对子路做这样的"四级分类"，学生就不能发现子路前中后三期的差异或区别，也看不出子路在艰辛努力之后成长进步的轨迹。如此一来，学生对子路的认知与了解，就只能停滞在一个静止或混沌的状态。在今河南省濮阳市城内有一座"仲夫子祠"（"子路坟"所在地），其外门两侧的对联是"贤也名扬春秋仲夫子，壮哉威震华夏卫国公"，其院内殿堂大门两侧的对联是"弹剑高歌桃李三千君尚勇，结缨赴难贤哲七二子为刚"。遥想两千多年儒士心理发展、演变的历程，这该是多么高的评价啊！

"多等级属种关系"的连续划分，不仅有利于发现"知识"自身所存在的差异与区别，还有利于认清"知识"的本质与核心。亚里士多德说："发现事物的差别不仅对于我们有关相同的和相异的推理有用，而且对于认识每一种事物的本质也有用。"① 作为力图要达到专业水平的语文学习，教师就应该不断地设定连续划分的类别与范围，给出示范，然后让学生一层一层地抽丝剥茧，穷根究底，让"知识"彰显其内核或本质，使学生豁然开朗或恍然大悟。唯其如此，我们的语文学习才算得上是所谓的文本细读或深度阅读；也唯其如此，我们的语文教育才谈得上是真正的文以载道和立德树人。

2. "读《史记》"专题学习《项羽本纪》（《鸿门宴》片段）"多级分类"举例

再举《鸿门宴》一例有三层意思：第一，对"多级分类"这一思维工具有进一步的了解和掌握；第二，即便是大家都认为自己了然于心、再熟悉不过的高中语文教科书传统篇目《鸿门宴》，也可以进行"多级分类"；第三，再一次强调，在高中阶段，古诗文类的学习，真的不是只有"背诵""今译"一条道走到黑，其收获或效果实在是很有限。

《鸿门宴》片段，既是事件的高潮，也是转折。在这一高潮或转折中，楚汉主要人物一一出场，双方剑拔弩张，一触即发。在前一讲里，我们有了双方人物统计的"一级分类"：主帅、谋臣、武将及耳目。当然，做到这样的"一级分类"，也能概括出各个人物主要的性格特征。但这样精准的人物性格特征是怎样概括出来的？与其他概括出来的版本或结论有哪些相同或不同？有没有更为细微的差别、差异？下面，举出我们"二级分类"梳理的学习活动来说明：

一场争霸的成败，其关键在于一位主帅的谋略、果敢以及对自我的正确认知。按列表（见表9）给出的要求，"分类"梳理《鸿门宴》中主帅（项羽

---

① ［古希腊］亚里士多德.工具论［M］.余纪元等译.北京：中国人民大学出版社，2003：374.

或刘邦）与其他人物的互动关系。要求：①整理表现人物语言、动作、表情或态度等的原文原句（没有可填"无"）；②运用观察、聚焦、比较、辨别、想象、预测等方法考察两位主帅对他人的反应（没有可填"无"）。

表9 主帅（项羽或刘邦）与其他人物的互动关系

其他人物		原文原句	主帅	原文原句	主帅反应
谋臣	范增		项羽		
	张良		刘邦		
武将	项庄		项羽		
	樊哙		刘邦		
耳目	项伯		项羽		
	曹无伤		刘邦		

先看第一组。

从项羽与范增的互动可看出：主帅的刚愎自用使得君臣离心离德。首先，当"曹无伤使人言于项羽""项羽大怒"时，范增一定在场。项羽的态度、言语，范增不仅看得见，而且听得着。他想趁势说服项羽，然而，当他说完"急击勿失"，项羽竟连一点反应也没有。你可看作这是司马迁有意为之，但却也道出了实情。其次，在宴会上，范增"数目项王，举所佩玉玦以示之者三"。什么是"数目"和"示之者三"？就是反复、多次示意的意思。可项王竟"默然不应"。这谋臣的作用、君臣的默契何在呢？再次，"沛公已去"，托张良赠项王、范增礼物。项王"受璧"，范增暴跳如雷（"拔""撞""破"）且口出粗言（"竖子"）。你看，司马迁在此处仍没给我们留下项羽反应的只言片语，这就不能不令人遐想、耐人寻味了。

反观刘邦与张良的互动则大不同：主帅知人善任，谋臣忠义智勇。先看刘邦三次的"为之奈何"。第一次，项伯"夜驰"，"私见张良"告急，"沛公大惊，曰：'为之奈何？'"；第二次，张良道出寡不敌众之形势，"沛公默然，曰：'固不如也，且为之奈何？'"；第三次，刘邦不辞而别，谓（陈平、樊哙或张良）曰："今者出，未辞也，为之奈何？"你看，这样的人君又是何种态度？再看张良之于刘邦。事前，不离不弃，为刘邦出谋献策；事中，临危不乱（"至军门见樊哙"）并化解危机；事后，留下来处理善后事宜（"谨诺""入谢"）。如此君臣，可谓上下一心，默契团结。

再看第二组。

先看项羽与项庄的互动。一言以蔽之：全无互动。因为，项庄的"入为寿""请以剑舞"并非事先安排，而是与项羽离心离德的范增做出的临时决定或布置（"起""出""召"）。可见刘邦赴宴如此之大事，项羽及其团队竟毫无准备且仓促应付。

再看刘邦与樊哙的互动就完全不一样。下面，我们可以插入"三级分类"梳理的学习活动，让学生看看主帅刘邦与武将樊哙，二位是怎样地上下一心、智勇超群。

按列表（见表10）给出的要求，将刘邦"至鸿门"向项羽说的一段话和樊哙在鸿门宴上向项羽说的一段话整理出来，做一次细致对比。要求：①指出两人说话内容的差异处和各自特点；②看看两人说话所起到的作用或所达到的效果。

表10　整理、对比刘邦向项羽说的话和樊哙向项羽说的话

人物	说话的具体内容	差异处和特点	作用或效果
刘邦	臣与将军勠力而攻秦，将军战河北，臣战河南，然不自意能先入关破秦，得复见将军于此。今者有小人之言，令将军与臣有郤。	①虽自称臣，称项为"将军"，但"战"则平等；②说己"不自意"；③说"有小人之言"做试探。 特点：小心翼翼但不卑不亢。	此沛公左司马曹无伤言之。不然，籍何以至此？立诛杀曹无伤。

续表

人物	说话的具体内容	差异处和特点	作用或效果
樊哙	夫秦王有虎狼之心，杀人如不能举，刑人如恐不胜，天下皆叛之。怀王与诸将约曰："先破秦入咸阳者王之。"今沛公先破秦入咸阳，毫毛不敢有所近，封闭宫室，还军霸上，以待大王来。故遣将守关者，备他盗出入与非常也。劳苦而功高如此，未有封侯之赏，而听细说，欲诛有功之人，此亡秦之续耳。窃为大王不取也！	①言秦王众叛之因；②言事前入关约定；③言"还军霸上""遣将守关"之故；④言"亡秦之续耳"之后果。特点：用词得当又义正词严。	项王未有以应，曰："坐。"

最后看第三组。

从"沛公军霸上""沛公左司马曹无伤使人言于项羽曰"可看出：曹无伤早已是潜伏在刘邦军中的间谍或耳目。可令人遗憾的是，刘邦仅一句"今者有小人之言"的试探，就让项羽白白供出其身份，令其命丧黄泉。这样的主帅，是何等智商？

而我们回看刘邦。项伯来呼张良"与俱去"，刘邦临时抱佛脚（临时发展项伯成耳目）：先是"兄事之"，不够；接着是"约为婚姻"，还不够；再来一番表白，于是效果呈现——不仅得到项伯的"许诺"，还得到"项王许诺"，甚至在刀光剑影的鸿门宴上，有项伯的"亦拔剑起舞，常以身翼蔽沛公"。至此，项羽团队的上下离心，项羽本人这种"真性情"所遭遇的众叛亲离，其最终落得"乌江自刎"这样的结局，也就成了我们预料中的事情。

其实，针对上述"三级分类"，我们还可以继续做"四级分类""五级分类"。如刘邦对项伯说的那番表白，竟然与樊哙对项羽说的那段话高度相似。为什么会这样？我们只能想到，在刘邦赴宴的前一晚上，他与樊哙有着深度的交流与沟通。君臣同心、同声、同气如此，岂止是"其利断金"所能言说？而项羽呢，不仅与自己的武将项庄互动全无，居然还与刘邦的武将樊哙搞了一出"英雄爱英雄"的鬼把戏：先是"按剑而跽"问"客何为者？"；接着就以"壮士"称之，且"赐之卮酒"，再"赐之彘肩"；最后竟又称"壮士"，问"能复饮乎？"。为什么会这样敌我不分？只能说此时此刻他看见了"自己"，而这样的惺惺相惜又岂能只用"愚钝"二字概括？的确，这样逐级、有序进行的"多级分类"，非常有利于逐步培养学生对相同、相似或相异"知识"的敏感度。此外，学生还可以选择从人物情绪、情感的新角度，分辨"项羽之怒""樊哙之怒"和"刘邦之怒"的异同等。

有歌唱道：亮煌煌几页史书，雄赳赳一代名将；将军战术传千古，功臣末路断头颅。做"读《史记》"专题，一开始，我们自然会落到楚汉相争的历史上，会落到一个个人物性格、双方互动关联及各自命运结局上。而性格、关联及命运等则正是通过这一个个人生紧要关头或细节呈现出来的。考查上述"多级分类"的例子可以看到，这种不断设定范围、连续划分类别的学习方法或思维工具，就像是我们在使用一台探视微观世界的显微镜。"显微"不仅可以发现差异，也能够认清本质。

三、结语

实际上，"分类"和"推理"这种方法或活动并不新奇。早在 19 世纪，法国人类学家、社会学家爱弥尔·涂尔干和马塞尔·莫斯对"分类"就做过精确界定。他们说："所谓分类，是指人们把事物、事件以及有关世界的事实划分成类和种，使之各有归属，并确定它们的包含关系或排斥关系的过程。"[①] 英国应用数学家、生物统计学家卡尔·皮尔逊则更把"分类"和"推理"联系起来，将二者关系说得更加明确，并且认定"分类"和"推理"是求真明理的唯一途径。他说："分类事实和依据事实推理的艰苦而无情的小

---

① ［法］爱弥尔·涂尔干，［法］马塞尔·莫斯. 原始分类［M］. 汲喆译. 上海：上海人民出版社，2000：4.

路，是弄清真理的唯一道路。"①

可这么多年来，我们的高中语文学习就一直在"读"的方式方法上玩花样，什么诵读、朗读、默读、初读、略读、精读、细读、批读、赏读、悦读等；就一直没在思维的内部、深层或者思维这一工具、方法上下功夫，算是"升堂"可并未"入室"。而且，还极不愿意面对我们教学的现状，动辄就要给你讲那些连自己也看不见、摸不着，没有搞清楚、弄明白，到目前为止尚待研究的"神经元"之类的东西。所以，在这一讲，我们只是想告诉学生："分类"有哪些内容（可以多角度），"分类"如何做到设定范围和连续划分（可以多层级）。在拆解、分析、重组、整合的具体过程中，怎样拉近距离去看"知识"内部的、深层的精细处或幽微处，又怎样拉远距离去看其叙述或论证的层次、脉络、线索、规律等，进而真正探秘"知识"的内在构成与核心本质。而不是"跟着感觉走"，整天在你耳边嚷嚷"要培养语感""要有所发现"。什么是"语感"？怎样才能够"发现"？没有进一步的"多级分类"，没有这"多级分类"之后的观察、审视、聚焦、放大、比较、辨别、假设、想象、预测、联想、质疑、推理、判断、确认等，你哪来"语感"？何来"发现"？又怎么去进行"语言的建构与运用""思辨读写"和用"一棵树摇动另一棵树"呢？

所以，做教育，我们还是要老老实实将方法示人，把"金针度人"，踏踏实实教给学生一两项一生都有用的本事和本领。别指望有什么高效课堂的取巧捷径，葵花宝典的独门秘笈，以及在课堂上的光鲜亮丽或花里胡哨。有的是卡尔·皮尔逊告诉我们的——这是一条"小路"，这条"小路"，既"艰苦"又"无情"，而且是"唯一道路"；有的是在我们静悄悄的教室里，每一位学生都在有发现、有创意地默默"干活儿"。我们只有在这条"唯一道路"上不求热闹，默默耕耘，教会学生对同一事物或对不同事物各个方面，内外求索，上下寻觅，纵横关联，让他们反复磨炼，形成经验和习惯，甚至达到条件反射的程度，才有可能培养出学生发现问题的敏锐和敏感，培育他

---

① ［英］卡尔·皮尔逊.科学的规范［M］.李醒民译.北京：华夏出版社，1987：19.

们语言表达的准确性、生动性、深刻性与批判性。

最后补充一句，从"一级分类"到"二级分类"到"多级分类"，与"第六讲"的从"第一次转换"到"第二次转换"到"多次转换"有何不同？简单地说，"分类"的切入点是"知识"；"转换"的切入点是任务或活动。前者侧重于学生"怎么学"的方法论；后者侧重于教师"怎么教学生学"的实践论。"学什么"和"怎么学"同等重要，一如有好的食材，还得有好的做工。

建筑起一座文章的"大厦"

——为什么学生学习的"出口"非得是论文写作

高中生要不要写作"小论文"或写作学术论文？这历来是高中语文界一件颇具争议的事情。如在很长一段时间里，不少教科书或者一些专家、学者都认为：在高一年级，学生就应该"全年"写作叙述文（一说"记叙文"）；到了高二年级，才开始写作论述文（一说"议论文"）。然而，我们的教学实践证明却不是这样。我们认为，高一初始，学生就应该立马转向"小论文"的写作；到高二结束，学生在类似学术论文（一说"准学术论文"）的写作上就应该得到比较完整的训练。

从 2001 年 2 月开始，我们做第一轮专题学习或整本书阅读，学生只能写出感悟性的文章；到 2005 年中期，我们做第二轮专题学习或整本书阅读，学生能写出较为成熟的"小论文"；2012 年之后，大部分学生能写出类似学术论文的文章。几经探索，我们逐渐认识到，任何一届学生，无论是基础和习惯较好的，还是基础和习惯较为一般的，只要朝着这个方向努力，到了最后都一定能够写出类似学术论文的习作，而且，不少学生还会有非常突出的表现。

下面，针对专题学习或整本书阅读这最后一出"写作"的重头戏，从"一定要写""怎么学写"和"写得怎样"三个方面，谈谈我们的一些思考、认识、做法及成效。

一、一定要写

在高中阶段，要求学生把论文写作作为专题学习或整本书阅读的"出口"，这首先得力于我们 20 年来教学不断的实践与思考。

进行一个专题学习或整本书阅读，满打满算前后要用上一个半月到两个月的时间。前一个月是学生在阅读与梳理（分类、统计、排序或列表等）、鉴赏与探究（观察、审视、聚焦、放大、比较、辨别、假设、想象、预测、联想、质疑、推理、判断、确认等）学习材料；后半个月或者在将近 20 天的时间里学生则要完成这样一次论文写作。

为什么学生的写作时间，会接近阅读时间的二分之一甚至三分之二之多呢？

这是因为从阅读到写作，写作是一个更为复杂、艰难的转化过程，是一个将隐性思维、思考和思想的结果进行"物化"、外显和赋形即最终形成文章的过程。在这样的学习过程中，涉及的或许不仅仅是论文写作方法或者技巧的问题，即我们往往认为单靠上一两节写作指导课就能够解决的问题。这当中，既涉及学生在确定研究方向、拟定论文题目之后，围绕定向和拟题再次去阅读、梳理、鉴赏、探究等，还涉及学生在具体构思布局、论证表达时如何开门见山，怎样提炼观点，如何引起下文，怎样提出或提炼分论点（还有在分论点之间，是采用并列式论证，还是递进式论证，或者是因果式论证等），如何转述、引用、举例、假设、推理、判断、评价、确认，怎样得出结论、收束全文、画龙点睛，如何炼字、炼句、妙笔生花或"语不惊人死不休"等。当然，学生还有可能会遇到原先构思布局、论证表达时并不恰当、适合、得体等问题，那就还得要耐烦，即要重新预设、再次思考、来回调整、反复修改、再三完善等。而所有这些，假如你没有亲身经历，你怎么会有"脱胎换骨"或"浴火重生"的切肤体验？

2017 年末，我和学生偶尔在网上看到一位作者写的一段"作后感"，我们一致认为此言不虚。兹录如下：

> 读比较容易，只要动眼动脑就可以，有时候甚至不用动脑。但

是写就完全不是那回事了。这个过程够艰苦，需要不断地思考，不断地创造。有时候会山穷水尽，有时候会焦头烂额，有时候又会柳暗花明，有时候也会曲径通幽，各种辛酸苦辣都会遇到。这是一件劳民伤财的事。

但是，当你试着在读后动笔写，熬过了一段时间之后，你会发现，那种进步，会让你自己都难以置信。

因为写，思想会变得深邃。因为写，也会变得更加聪慧和通透。因为写，语言和思维，日日新。

读是输入，写是输出。输入总是比输出容易接受。它跟金钱恰恰相反，对于大多数人来说，挣钱这个输入的过程很难，但是花钱这个输出的过程却异常轻松。

动笔写，并不难。难的是，你动笔的一刹那，那个下笔的决心。只要开头了，就好了，以后，靠耐力。所以有人说，人生是长跑，不是比谁跑得快，而是比谁更有耐力。①

而愈加坚定我们把"论文写作"作为专题学习或整本书阅读"出口"的，则是两位学者"做文章如同搞建筑"的说法。

第一位是北京第二外国语学院唐晓敏教授。他说：

建筑学学的是建筑，建筑是需要砖瓦、水泥、钢筋等材料的，但建筑学专业的主要课程，却不包括砖瓦学、水泥学。因为这些只是材料而已。学建筑，是学习建筑物的设计、建造，不需要在砖瓦、水泥等方面下太多的功夫。

语文其实也是这样：学的主要是文章的"设计与建造"，即文章写作。文章写作固然也需要"砖瓦"即语言文字，但并不需要在"砖瓦"上下太多的功夫。古人学习语文，即是这样：主要是在篇章上下功夫……而今天的语文教学，则主要是在"砖瓦"即字词上

---

① 花开的时间.一边读书一边写文，与只读不写，是天上人间［EB/OL］.https://www.jianshu.com/p/a46473296e0e，2017-11-06.

下功夫了。学习语文多年，大量时间都耗费在字词练习上，学生心中没有多少篇文章的"样子"，写文章就很难"像样"了。

语文教学应该是以文本为主，需要引导学生整体把握"文本"这一"建筑物"，包括分析其精神特点，感受它的美，并将一座座建筑物的"样子"熟记于心，以便自己设计一座建筑物时能有参照借鉴，而不应仓促地把一座精美的建筑物拆成砖瓦，学生若只了解砖瓦，而没有建筑的整体形象，没有多座建筑物的"形象积累"，是设计不出一座像样的建筑的。[1]

第二位是香港 IBDP（国际文凭大学预科项目）中文 A 文学课程教师董宁。他说：

做文章如同搞建筑，如果我们把写一篇论文比喻成建一项工程的话，写这篇文学专题研究论文就好比我们在平地上建盖一座大厦，在心中还没有图纸、手上没有材料的时候，会觉得这项工程无从开头、异常艰巨、耗费时日、结果难料。[2]

为此，在高中语文专题学习或整本书阅读的过程中，我们就不会止步于得到建筑物所需要的"砖瓦、水泥、钢筋"等这些材料。我们还需要用这些材料建筑起一座属于自己的文章"大厦"。换言之，高中语文学习，不能止步也不应止步于语言的品味和文学的鉴赏，而应在品味语言和鉴赏文学之美的同时，运用梳理与探究，生成自己对某些事物或者问题的思考和思想，并且掌握好我们给出的专家、学者的文章"样式"或"样子"。也就是说，学生要"将一座座建筑物的'样子'熟记于心"，然后学着这个"样式"或"样子"，用自己的语言文字将发现、研究、心得、思想、创造等不断地加以"设计与建造"。如此，才能真正算得上是语文能力和素养的全面提升。

当然，在这样的学习过程中，这"一座座建筑物的'样子'"，不仅包括专家、学者的文章"样式"，还包括我们学诗歌专题或整本书阅读时，诗

---

[1] 吴泓.把"论文写作"作为高中语文专题研究性学习的"出口"[J].语文学习，2018（6）.

[2] 董宁.国际文凭大学预科项目·中文 A 文学专题研究论文写作指导[M].香港：三联书店（香港）有限公司，2014.

歌的"样子"，学小说专题或整本书阅读时，小说的"样子"，学戏剧专题或整本书阅读时，戏剧的"样子"等。不过，我们并不要求或者提倡学生去写诗歌，写小说，写戏剧……因为如果没有对诗歌、小说、戏剧等进行过深入、细致的思考和研究，学生也不可能写出好的诗歌、小说、戏剧；如果以专题学习或整本书阅读的方式去思考、研究诗歌、小说、戏剧，再以论文写作的形式去表达自己的心得或思考，那么，学生对"这一专题"或"这本书"的内容和形式就不会是浮光掠影式的理解，而是从思想内容到艺术形式都有着刻骨铭心的印记。而这对于想要进行诗歌、小说、戏剧创作的学生来说，起码也给了一个基础的视野、铺垫或者准备。当然，不要求、不提倡不等于就反对。尽管在这一过程中，我们会穿插一些片段写作，如想象短文、文章提要、读书随笔、作品评介、杂感心得等，但写出一篇像样的、类似学术论文的文章，则是我们每一个专题学习或整本书阅读的最终"出口"。

可喜的是，2017 年版课标不仅革新了学习内容（如 18 个"学习任务群"），还改变了学习方法（如强调"梳理与探究"的学习活动）。更重要的是，在提到写作任务时，一改以往高一只要求写记叙文、高二开始写议论文的旧路，要求"用自己的语言撰写全书梗概或提要、读书笔记与作品评介""写语言札记""可选用杂感、随笔、评论、研究论文等方式，写出自己的阅读感受和见解""学习表达和阐发自己的观点……学习反驳""撰写文字分析报告""从一个或多个角度讨论分析，撰写评论""撰写学习体会和感想""撰写作品评论""撰写读书报告、语言专题调查报告、小论文""撰写文学评论""借鉴专业学术论文的形式写成学术小论文"等[1]，而这些也给了我们一定要让学生进行论文写作的极大信心。

---

[1]　中华人民共和国教育部.普通高中语文课程标准（2017 年版 2020 年修订）［S］.北京：人民教育出版社，2020：12—31.

二、怎么学写

"小论文"或者类似学术论文的写作自然不同于一般文章的写作。那么，具体到"怎么学写"这一阶段，我们应该让学生在两年专题学习或整本书阅读的前中后三期，从哪几个侧重点切入呢？

1. 前期切入的侧重点

在第一个、第二个甚至第三个专题学习或整本书阅读的"小论文"写作阶段，我们可以让学生反复训练、学习以至于掌握这一类论文写作所涉及的属于文章局部设置、安排的一些知识或者技能，如怎样拟定"小论文"的题目，如何辨别"小论文"题目与论题、论点的异同，怎么理清论点或者分论点与论据之间的关系，以及明确这一类文章在语段、语序上有着怎样的组织规律和在标点符号使用上有着哪些特别的要求，等等。

（1）"小论文"的拟题

第一步，让学生收集专家、学者写"这一专题"或评"这本书"的论文题目。然后，对其进行分类（比如是立论，还是驳论；是并列论证，还是层进论证等）、比较、分析、评价等。要用他山之石来攻己之玉，善借他人题目之优来拟出自己"小论文"的好题目。

第二步，让学生自己拟题。如在高一上学期学生做第一个"读《诗经》"专题时，写作课前，每一位学生上报自己确定的方向和拟定的题目，在网络平台或投影屏幕上公布或显示自己的定向或拟题（见表1）。

表1 "读《诗经》"专题"小论文"写作的定向或拟题

定向或拟题	涉及篇目
谈谈"芣苢"的用途及诗意	《芣苢》
投与报的遐思	《木瓜》
对"青青子衿"的挂念与渴求	《子衿》

续表

定向或拟题	涉及篇目
试说《桃夭》中的美	《桃夭》
谁留在诗中，谁摘得柔弱的薇菜——读《小雅·采薇》有感	《采薇》
失恋是件小事——读《氓》后有感	《氓》
如切如磋做个好男人——读《淇奥》	《淇奥》
聆听《诗经》的血性的旋律《无衣》	《无衣》
关于《毛诗》对《子衿》评价的一己之见	《子衿》
我心中的《月出》	《月出》
他们的爱在《诗经》里流动	《蒹葭》《溱洧》《静女》《木瓜》等
《诗经》中的求爱信物	《静女》《溱洧》《木瓜》《摽有梅》等
执子之手，与子偕老	《击鼓》
一个人的幸福——《汉广》中樵夫的评析	《汉广》
氓之妻放弃氓以后	《氓》
思念是美好的——读《子衿》	《子衿》
《击鼓》《蒹葭》——爱情与距离	《击鼓》《蒹葭》
关于对《野有死麕》是否为偷情诗的看法	《野有死麕》
浅论《氓》中女主人公的爱情观	《氓》
说说《诗经》中的两只鼠	《硕鼠》《相鼠》

第三步，写作课上，师生共同讨论每一位学生拟题的高下、优劣、雅俗等。如所拟定的题目是否是自己感兴趣或觉得有意义、有价值的问题或议题；所论证的问题或议题的范围或边界是否适合自己的实际情况；正、副标题的拟定是否恰当、匹配；是否存在严重阻碍"小论文"写作顺利完成的问题即

"同题撞车"现象等。

第四步，确定自己的定向，拟定自己的题目（后续还有可能调整和改动）。

（2）辨别"小论文"题目与论题、论点的异同

以学者李书磊的《河边的爱情》[①]一文为例：

今天读来，《诗经》真正活下来的诗是那些爱情诗；而阅读《诗经》中的爱情诗我发现了一个动人的情节：这些爱情大都发生在河边，爱的歌咏有很多都同河流与河水有关。那首开宗明义且家喻户晓的《周南·关雎》写的就是河边的爱情："关关雎鸠，在河之洲。窈窕淑女，君子好逑。"当然你可以说这"关关雎鸠，在河之洲"是一种虚写的起兴，但要知道起兴实际上常常是即景的：举目望去，随意所见的物事就随手拈来加入歌诗，因而起兴往往是不可分割的本文意象；何况《关雎》中另一段的"参差荇菜，左右流之"更坐实了这种河的场景——荇菜乃一种美丽的水草。与《关雎》相埒的还有那首著名的《鄘风·柏舟》。"汎彼柏舟，在彼中河"，这姑娘在河边萌动了对那垂发少年的思念："髧（dàn）彼两髦，实维我仪。""河边的爱情"在《诗经》中成了一种惯例甚至成了一种模式。"南有乔木，不可休息。汉有游女，不可求思。"（《周南·汉广》）"有狐绥绥，在彼淇梁。心之忧矣！之子无裳。"（《卫风·有狐》）"子惠思我，褰裳涉溱。子不我思，岂无他人？"（《郑风·褰裳》）"蒹葭苍苍，白露为霜。所谓伊人，在水一方。"（《秦风·蒹葭》）……唱不完的爱情就紧贴着那流不尽的河水。

自然这河水与爱情、河流与情歌的关联本出自无心，然而唯其无心反倒更见出了一种本质的亲缘。到底是为什么爱总靠着河、河总关着爱？后世词人说"柔情似水，佳期如梦"，或许这情与水真是有一种品质上的呼应；不过真正使我们动心的乃是另外一则关于河水

---

① 李书磊. 河边的爱情［J］. 阅读与鉴赏（高中版），2003（4）.

的典故，《论语》中的典故。当年孔子来到了河边，"子在川上曰：'逝者如斯夫！不舍昼夜。'"孔子对人生本有一种明净澄澈的达观，但他面对河流也不禁发出这种伤感的喟叹。赫拉克利特说，"你不可能两次踏进同一河流"，这明晰的哲理论断中似也透露出一种深刻的骚怨。真是一呼一应，无独有偶。而深入民间的谚语则更像是一种绝望的控诉，民谚说："西流东到海，何时复西归！"哲人和俗人发出了共同的感叹，这河流究竟为什么如此扣动人类的心弦？或许河水向人们提醒的最惊心的东西乃是孔子所说的"逝者"。那从容而恒常的流逝乃是时间的赋形，时间无情地离去恰像这河水；而时间正是人生的本质，人生实际上是一种时间现象，你可以战胜一切却不可能战胜时间。因而河流昭示着人们最关心也最恐惧的真理，流水的声音宣示着人们生命的密码。对河流的惶恐定是人类代代相传的一种原始记忆；日常的生活中你可以逃遁于有意无意的麻木，而面对河流你却无法回避那痛苦的觉悟。面对河流你会想起你已经失去和必将失去的一切，想起在这永恒的消逝中生命的短暂与渺小，会有一种无法安慰的绝望攫住你的心，你感到一种无限凄凉的脆弱与感伤。——也正是这个时候爱情就产生了。在这种冰冷的空虚中你想抓住点什么，你想靠住点什么，你的心渴望着慰藉。于是男人就想起了"窈窕淑女"，女人就想起了"髧彼两髦"的少年。这一切都是那样地自然而然。爱情是人类无望人生中唯一的救赎，也是人在无边的沉沦中本能的呼号。除了爱情人们还能依凭什么呢？长生与飞升的痴想明知是一种幻影，而人世间再伟大的功业也终会烟消云散，"纵有千年铁门槛，终须一个土馒头"，"王侯将相在何方，荒冢一堆草没了"。这时候爱情这种同样短暂的东西却获得了一种神秘的永恒力量，人们就凭借这力量与残酷的世界抗衡。情人们在河边大声地喧哗（《郑风·溱洧》），情人的喧哗就盖住了河流的咒语。

　　人们面对河流即是面对命运，河边的爱情即是人类对命运的反抗。

　　这篇文章的题目也是论题，即"河边的爱情"。但题目并非文章的论点，论点是文章最后一句话："人们面对河流即是面对命运，河边的爱情即是人类对命运的反抗。"

　　文章的题目和第1段，作者都只是在说自己发现的一个现象。进入第2段，作者用三个问句（"到底是为什么爱总靠着河、河总关着爱？""这河流究竟为什么如此扣动人类的心弦？""除了爱情人们还能依凭什么呢？"）领起，逐层分析，最后得出"人们面对河流即是面对命运，河边的爱情即是人类对命运的反抗"的结论。

　　（3）理清论点或者分论点与论据之间的关系

　　这篇文章的论点或者分论点与论据之间的关系，可用思维导图显示如下（见图1）：

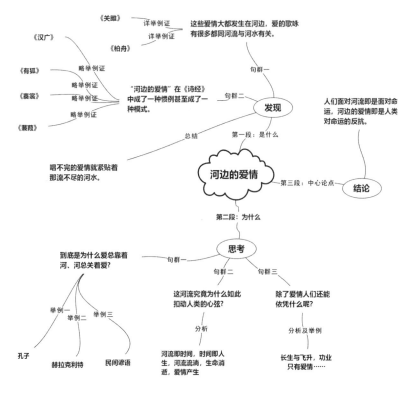

图1　李书磊《河边的爱情》思维导图

（4）明确这一类文章在语段、语序上的组织规律

仍以这篇文章的第 1 段在语段、语序上的组织规律为例。可运用表格梳理语段之间的转换方式（见表 2）：

表 2　李书磊《河边的爱情》第 1 段语段、语序组织规律

语段	原文	转换方式
第一句	今天读来，《诗经》真正活下来的诗是那些爱情诗；而阅读《诗经》中的爱情诗我发现了一个动人的情节：这些爱情大都发生在河边，爱的歌咏有很多都同河流与河水有关。	指明论题
第二句	那首开宗明义且家喻户晓的《周南·关雎》写的就是河边的爱情："关关雎鸠，在河之洲。窈窕淑女，君子好逑。"当然你可以说这"关关雎鸠，在河之洲"是一种虚写的起兴，但要知道起兴实际上常常是即景的：举目望去，随意所见的物事就随手拈来加入歌诗，因而起兴往往是不可分割的本文意象；何况《关雎》中另一段的"参差荇菜，左右流之"更坐实了这种河的场景——荇菜乃是一种美丽的水草。	详举例证
第三句	与《关雎》相埒的还有那首著名的《鄘风·柏舟》。"汎彼柏舟，在彼中河"，这姑娘在河边萌动了对那垂发少年的思念："髧（dàn）彼两髦，实维我仪。"	转换例证
第四句	"河边的爱情"在《诗经》中成了一种惯例甚至成了一种模式。	回应并强调论题，详举例证和略举例证的分界点
第五句	"南有乔木，不可休息。汉有游女，不可求思。"（《周南·汉广》）"有狐绥绥，在彼淇梁。心之忧矣！之子无裳。"（《卫风·有狐》）"子惠思我，褰裳涉溱。子不我思，岂无他人？"（《郑风·褰裳》）"蒹葭苍苍，白露为霜。所谓伊人，在水一方。"（《秦风·蒹葭》）……	略举例证
第六句	唱不完的爱情就紧贴着那流不尽的河水。	总结论题

（5）明确这一类文章在标点符号使用上的要求

这一类文章在标点符号使用上的不同，突出表现在引文出处书名号的使用。仍以这篇文章第 1 段为例。第二句、第三句引文出处使用前置式书名号。第五句四处引文出处使用后缀式书名号。这些细节不仅在阅读时要多加留心，在具体写作过程中更要注意正确使用。

2. 中后期切入的侧重点

在第三个及其后的专题学习或整本书阅读的类似学术论文写作阶段，我们更应该让学生着重训练、学习并掌握这一类论文写作所涉及的属于整体结构形式的一些基本"样式"（一说"样子"）。如我们常向学生推介，学生也掌握得比较好的两种"样式"：一是对事物、事实或者"知识"从多角度或者全方位进行追本溯源；二是对事物、事实或者"知识"做分类和统计，然后聚焦于某一点或几点进行梳理和推断。其实，无论哪种"样式"都是你中有我，我中有你，交叉运用，并不能截然分开的。

（1）追本溯源的"样式"

这种"样式"，我常推介拙作《凤姐的服饰"俗气"吗？》[①] 来说明。节录如下：

凤姐的服饰真的"俗气"吗？回答应该是否定的。

其一，文中凤姐的服饰妆扮是借黛玉之眼观之、心悟之而描绘出来的：

（黛玉）心下想时，只见一群媳妇丫环围拥着一个人从后房门进来。这个人打扮与众姑娘不同，彩绣辉煌，恍若神妃仙子……（以下是服饰描写）

这一独特视角，体现出黛玉的心理感受，而这无不是她性格、气质、情绪、嗜好的内化。她出身于"钟鼎之家""书香之族"，美丽聪慧，言谈不俗。书中评她是"孤高自许，目无下尘"，"自矜自重，小心戒备"。假如凤姐是个"俗物"，以黛玉的孤傲清高、

---

① 吴泓. 凤姐的服饰"俗气"吗？［J］. 中学语文，1993（4）. 有改动.

诗文才情而对其服饰赋予"彩绣辉煌""神妃仙子"的极高评价，是无法想象也根本不可能的事情。再说"彩绣辉煌""神妃仙子"，这哪有一丝一缕的"俗气"，有的只是"神"气、"仙"气。

其二，从家庭背景、言谈举止及所处贾府中的地位看。

王熙凤的叔叔王子腾，是都太尉统制县伯王公的后裔，王夫人、薛姨妈、王子胜之兄。初任京营节度使，后擢九省统制，奉旨查边，又升九省都检点，再提内阁大学士。她出身于"东海缺少白玉床，龙王来请金陵王"即四大家族中最显赫的王家，名门闺秀，教养良深，幼时就着男装。形形色色的人，各式各样的事，她都接触过，见多识广，具有一般人所无法具有的待人处事的练达才能。也正因为如此，她嫁到贾府，如果说贾宝玉是老太太的心头肉，那么王熙凤则是老太太的主心骨了。须知，要做上贾府当家媳妇是不容易的，要做好更是难上加难。在那长辈、平辈、小辈、本家、亲戚和男女奴仆之间，都有着极复杂的矛盾，倘若是个周身"俗气"的女子，要登上荣府管理家务的优越位置，是断乎不可能的事情。再说，作者也并非要把王熙凤塑造成一个浅薄无知、俗不可耐的角色。请看小说中作者及作者笔下的人物对她的评价：

一切张罗招待，都是凤姐一人周全承应。合族中虽有许多妯娌……俱不及凤姐举止大雅，言语典则。（叙述语）

从小儿玩笑时就有杀伐决断，如今出了阁，越发历练老成了。（贾珍语）

这位凤姑娘虽小，行事却比别人都大呢！如今出挑得美人儿般的模样儿，少说些有一万个心眼儿。（周瑞家的语）

试想，一位"举止大雅，言语典则""历练老成"又"出挑得美人儿般的模样儿"的"凤姑娘"，怎么会在初次登场亮相，迎接林黛玉到来的隆重场合给自己的服饰妆扮大打折扣，这岂不与那"头上戴花"村气十足而笑话层出不穷的刘姥姥相提并论了吗？

简单地说，所谓追本溯源，就是追溯事物、事实或者"知识"的源头，对其进行辨识、比较、推理、判断、确认等，从而找到其观点正误、高下、雅俗等的依据，最后得出或推导出自己的正确或合理的观点或结论。

（2）梳理和推断的"样式"

这种"样式"，可推介出很多文章让学生反复研习。下面，节选鲁焕清的《贾政的眼泪》①来说明：

　　在小说中，贾政的眼泪集中出现在第三十三回，而且一连出现了三次。

　　贾政的第一次流泪："满面泪痕"

　　这一天对贾政来说绝对是一个揪心的日子，他接连听到了两件惊天大事：一件是平时关系不亲密的忠顺王府突然派长史官上门索人，长史官那一副不住"冷笑"的神态，那一种不屑讥嘲的口气，以及那一个当堂抓住的宝玉与戏子有涉的实证，让贾政"又惊又气""目瞪口歪"；还有一件是贾环向他密告宝玉强奸不遂、致使丫头金钏儿自杀，把贾政气得"面如金纸"、雷霆大怒。

　　他"喝令"身边的众门客仆从立即"快拿宝玉来"，并不得再劝自己。在众门客仆人见他"这个形景"、一个个都"啖指咬舌，连忙退出"后，他怎么样？他"喘吁吁直挺挺坐在椅子上，满面泪痕，一叠声：'拿宝玉！拿大棍！拿索子捆上！把各门都关上！有人传信往里头去，立刻打死！'"贾政的这个"泪痕"中，浸润着对"祖宗颜面"之毁于己手的哭愧，流淌着对儿子之不成才、不成器的哭恨，也饱蘸着对家族之前途命运的哭忧。

　　贾政的第二次流泪："泪如雨下"

　　极端愤怒的贾政先是声嘶力竭地命令手下众人不得到里面去通风报信，然后"喝令"小厮们把宝玉"堵起嘴来，着实打死"。"不敢违拗"的小厮们"只得将宝玉按在凳上"，狠下心"举起大板打了十来下"。但怒火攻心的贾政对小厮们的表现并不满意，"犹嫌"

①　鲁焕清.贾政的眼泪［J］.红楼梦学刊（网络版），2020（1）.

他们打得太轻，不足以达到惩戒警训的效果，便"一脚踢开掌板的，自己夺过来，咬着牙狠命盖了三四十下"。"踢""夺""咬""盖"这一连串的动作，使贾政那怒气冲天、几乎丧失理智的暴怒之状活现在纸上。直到王夫人一边死死地"抱住板子"，一边哭诉"先勒死我，再勒死他"时，他才极其无奈地"不觉长叹一声，向椅上坐了，泪如雨下"。他那纵横的老泪中，有着对儿子承继家业无望的痛苦，也有着对妻子娇宠儿子过度的无奈，更有着对自己忠孝难全的苍凉泣悲。

贾政的第三次流泪："泪如滚瓜"

在妻子的泣劝下，贾政终于放下了"板子"。而此时的宝玉已然被打得"动弹不得""面白气弱"，那一条"绿纱小衣"上"皆是血渍"。王夫人见此情景，禁不住解下他的汗巾细细察看，当她看到自己的宝贝儿子"由臀至胫，或青或紫，或整或破，竟无一点好处"时，便"失声大哭起来"。她一边哭，一边口中还喊着"苦命的儿吓"；然后"忽又想起贾珠来"，就又叫着贾珠的名字哭道"若有你活着，便死一百个我也不管了"。早已闻讯急赶过来的李纨一听到婆婆喊出了贾珠的名字，也触动了心中之痛，忍不住"放声哭了"。这时候，整个场景便变成了一片泪的海洋。听到这婆媳俩撕心裂肺的痛哭，坐在椅子上的贾政，"那泪珠更似滚瓜一般滚了下来"。这大把大把滚落的眼泪中，从对宝玉爱恨交织的层面，又往里深了一层，探触到了那一个深藏在他心底的隐痛，添增了对大儿子过早亡故的伤悲。

简单地说，所谓梳理和推断，就是找出事物、事实或者"知识"之间的关联与差异，然后通过比较、推理、判断等辨认其真伪、正误、高下或雅俗，最后得出自己的正确或合理的观点或结论。

总之，高中语文专题学习或整本书阅读的论文写作要因时而动，因地制宜。后一个专题学习或整本书阅读要针对前一个专题学习或整本书阅读出现的问题进行解决；而解决完之前出现的问题后又会出现新的问题，就总体而言是一个不断解决新问题、反复研磨、逐层上升的过程。当然，不同的专题或"整本书"，因为具体的学习内容，普遍发现、研究的问题，提供的文章"样式"和需要达成的目标等不同，又表现出各自的特殊性。至于教师的个别指导，即主要针对"这一位"学生在这两三周写作时间里遇到的具体问题或困难，可单独进行交流、商量和讨论等，此不赘述。

三、写得怎样

把论文写作作为专题学习或整本书阅读的"出口"，学生究竟写不写得出来？写得怎样？这里，我们不必多言，仅选择高一起始"读《诗经》"专题学习、高二收尾《红楼梦》整本书阅读学生论文各一篇展示出来，就能说明问题。因为，在这两篇论文里，我们不仅可以看到学生在定向拟题、梳理探究、结构赋形、语言表达等各方面的出色表现，还可以看到，从高一年级上学期到高二年级下学期，学生从写作直接论述形式的评论文，到写作通过论辩形式来发表自己见解的评论文，再到写作综述型的评论文的整个发展轨迹。当然，不同的学生，其发展的轨迹并不一样；同一位学生在不同阶段的发展也不一样，有的是逐级上升，有的是有进有退，但总体趋势是不断爬升的。

两篇论文节录如下：

济水：被遗忘的明珠 [1]

——《新台》中的"河"不是黄河

新　台

新台有泚，河水弥弥。燕婉之求，蘧篨不鲜。

新台有洒，河水浼浼。燕婉之求，蘧篨不殄。

鱼网之设，鸿则离之。燕婉之求，得此戚施。

---

[1] 冷俊名.济水：被遗忘的明珠——《新台》中的"河"不是黄河 [J] .语文月刊，2019（6）.

众所周知，"河"字在古文中是指"黄河"。这看似毫无疑问的解释却引起了我极大的兴趣。这篇《新台》是一首邶地民歌，其中的"河"字在《诗经译注》（程俊英译注）中被译为"黄河"，可事实真是这样吗？我认为未必如此。

1. 从古籍中寻找答案

《尔雅·释水》中记载："江、河、淮、济为四渎。四渎者，发源注海者也。""四渎"是我国古代对四条独流入海的大河的称呼，即长江，黄河，淮河，济水。《史记·大宛传》中这样说："汉使穷河源，河源出于窴，其山多玉石，采来，天子案古图书，名河所出山曰昆仑云。"说的就是汉武帝好美玉，所以把这片盛产美玉的神山叫作昆仑山，而发源于昆仑山的这条河叫作黄河。《说文解字》中也说："水，出敦煌塞外昆仑山，发原注海。从水可声。乎哥切。""河"指"黄河"的概念最早就是出现于此，那不也就有力地说明了"河"确实是指"黄河"吗？而我认为不是这样。

我们来看一下这几部书出现的时间。第一部书《尔雅》的成书时间和作者很复杂，大部分人认为是秦汉时人所作。第二部书《史记》是司马迁在太初元年（公元前104年）开始创作，历经14年完成的。而《说文解字》的原书作于汉和帝永元十二年（公元100年）到安帝建光元年（公元121年）间，后因年代久远而失传。雍熙三年，宋太宗命徐铉等人同校《说文解字》，分成上下共三十卷，后代研究《说文》多以此版为蓝本，像我们现在通行的《说文解字》就是清代段玉裁用此版《说文》为底稿加以注释的。也就是说"河"这个概念的出现最早都是秦汉或者汉之后的事了，而《诗经》收集的是西周初年至春秋中叶的诗，再准确一点，《邶风》是公元前660年前的作品。《邶风》发源于卫地，而卫是被狄人所灭（公元前660年）。所以可以得出这样的结论：在创作《诗经》的那个年代，根本就没有"河"指"黄河"这一概念。

那么，远古时期的"河"不是指黄河是指什么呢？我认为是"大壑"的意思。我们来看一下同时期的作品《列子》和《山海经》。《列子·汤问》："渤海之东不知几亿万里，有大壑焉，实惟无底之谷，其下无底，名曰归墟。

八纮九野之水，天汉之流，莫不注之，而无增无减焉。"《山海经·大荒东经》："东海之外大壑，少昊之国。少昊孺帝颛顼于此，弃其琴瑟。"这两本书中均有提到"大壑"，而"壑"又是什么意思呢？《尔雅·释诂》中有说："壑，溪壑也。"其实"壑"在古代就是水沟的意思，或者说是代指一条河，可能这条河确实是今天的黄河，但并不是确指。

2.从文字中寻找答案

春秋时期盛行的字体是大篆，所以我们先来看一下"河"字的大篆。

有一种说法，大篆"河"字左边是一条曲线加上四个点，右边是一个类似于"口"的字被包围起来。这就很形象了，三面城墙和一个可以打开的门，里面有一口井，这就是城邦，在城邦的前面有一条河，河岸旁有几个人在洗衣服。这大概就是"河"在《诗经》创作那个年代的含义。所以说这条"河"其实就是一条与当地人们的日常生活息息相关的河，不是确指哪一条河，更不用说是指黄河了。

也有另一种说法，"河"，形声：字从水，从可，可亦声。"可"意为"肩挑、担荷"（以运送土石方）。"水"与"可"联合起来表示"肩挑土石，筑堤防汛"。而甲骨文有"河"字，其字从水从可，其"可"字为一人徒（服徭役的人）肩挑之形，结合黄河治理的历史，可以理解"河"字本义就是"肩挑土石方以巩固黄河堤岸"。由于北方河流（如淮河等）大多与黄河相似，经常泛滥改道，需要时常征发人徒治理，故北方河流通名为"河"。相反，中国南方河流很少泛滥改道，与人工河流相似，故南方河流通名为"江"（江字从水从工，"工"即指"人工"，故"江"本义为"人工水道"，引申义理解为"不会泛滥改道的水流"）。

可见，不管哪一种说法，在很早的时候，北方的河流都可通名为"河"。

3.从《诗经》中寻找答案

那么，这首《新台》诗中的"河"到底是指哪条河呢？我认为是指"济水"。

要想弄清这"河"到底指什么，我们就先要了解这首《新台》讲的是一个什么故事。这篇《新台》讲的其实就是卫宣公在当太子的时候，与其父的妃子夷姜偷情，生了个儿子，取名叫伋。伋长大以后，卫宣公派使臣到齐国提亲，要迎娶齐国国君的长女宣姜做儿媳。可是因为宣姜太漂亮，卫宣公便想把她娶成自己的老婆。于是他一面派自己的儿子伋出使宋国，一面在河边修建了一座华丽的高台，起名"新台"。而当他抢占儿媳的丑闻被公之于众的时候，卫国百姓都很愤怒，但又不敢明说，便写了这么一首民歌。诗中"新台有泚，河水弥弥""新台有洒，河水浼浼"的意思就是说："这座辉煌的新台旁，有条白茫茫的河。""这座高敞的新台旁，有条平荡荡的河。"那为什么说这条河不是黄河而是济水呢？我们从两个角度进行分析。

我们先看一下两条河的地理位置。说到黄河和济水，我们不能拿今天的地图来看，近三千年过去了，两河的地理位置都发生了巨大的改变。先来看济水。济水是"四渎"之一，在古代是独流的，它大致发源于王屋山附近，流过滑县和浚县的南边，并一直向东流，流经菏泽后往东北方向去，最终进入渤海。而我们现在看到的黄河是经历过几次重大改道之后的样子，改道后黄河的下游段其实是原来济水的河道，不然也很难解释为什么现在黄河流经山东多个地方，这些地方却要叫济南、济阳、济宁（事实流向也确实是这样）。而古代的黄河，也就是春秋时期的黄河则在滑县和浚县以西就开始往北流，流经邢台和巨鹿县以北的大陆泽后入海。而这个要塞（滑县和浚县）恰好是邶风的发源地，也就是说，邶地是被黄河和济水两面包围着，成一个横着的"Y"字形，邶地就在这"Y"的口上。而《新台》这首诗讲的是卫国国君替子迎娶齐女的事，齐国的国都在今淄博附近。对着地图一看就很明显了，要迎娶齐女不可能跑到千里之外的黄河边上建台，只可能在这两国中间夹着的这条济水旁建台。

我们再来看一下同是出自邶地的另一首民歌《匏有苦叶》。

匏有苦叶

匏有苦叶，济有深涉。深则厉，浅则揭。

有弥济盈，有鷕雉鸣。济盈不濡轨，雉鸣求其牡。

雝雝鸣雁，旭日始旦。士如归妻，迨冰未泮。

招招舟子，人涉卬否。人涉卬否，卬须我友。

我们从两个方面来看这两首诗的联系。一方面我们从诗人的用词上看。《匏有苦叶》中"有弥济盈"的"济"就是济水，诗人用了"弥"字来修饰这条河，而《新台》中有"河水弥弥"，诗人恰好用了同一个字来修饰这条河。同是邶一地的民歌，用相同一字（字形及字音）来修饰一条河，这很能说明问题。另一方面我们从诗的意思上理解。这首《匏有苦叶》讲的是一位女子在济水河岸等待未婚夫的事，旧说是在讽刺卫宣公抢占儿媳一事，如果这种说法属实，那两首诗讲的就是同一件事情，那么新台旁的"河"不是济水又是什么呢？另一种说法是余冠英先生在《诗经选》里写的，他一扫旧说，还以民歌本来的面目："一个女子正在岸边徘徊，她惦记着住在河那边的未婚夫，心想：他如果没忘了结婚的事，该趁着河里还不曾结冰，赶快过来迎娶才是。再迟怕来不及了。"这种说法不禁让我怀疑这济水岸边是否是邶地百姓或者官员结婚的场所，在这条河水旁结婚是当地的一种习俗，这就与《溱洧》中郑国的青年男女要在每年三月上巳节到溱水洧水旁洗掉宿垢、祓除不祥的习俗相类似。如果这是邶地人民的一种习俗，那么在《邶风》中应该还有出现类似的诗歌。没错，邶地的另一首诗《泉水》就是说了这么一件事。

泉水

毖彼泉水，亦流于淇。有怀于卫，靡日不思。娈彼诸姬，聊与之谋。

出宿于泲，饮饯于祢，女子有行，远父母兄弟。问我诸姑，遂及伯姊。

出宿于干，饮饯于言。载脂载辖，还车言迈。遄臻于卫，不瑕有害？

我思肥泉，兹之永叹。思须与漕，我心悠悠。驾言出游，以写我忧。

这首诗的主题在《诗经译注》（程俊英译注）中的说法是嫁到别国的卫女思归不得。诗中"出宿于泲"中"泲"的读音是"jǐ"（第三声），其实就是济水，而"出宿于泲，饮饯于祢，女子有行，远父母兄弟"的意思是："啊！想起当初宿在济水旁，在祢邑旁喝酒饯行，姑娘出嫁到别国，远离父母和兄弟。"同样是写出嫁，同样是济水旁，这有力地证明了之前的猜想，从而证明了卫齐两国的这次婚姻确实是在济水旁。

综上所述，我认为，《新台》中所说的"河"是济水而非黄河。

（学生：冷俊名）

谈谈大观园中宝黛钗居所的建筑艺术 ①

谈起《红楼梦》，最为人所熟知的就是个性鲜明的人物和扣人心弦的情节，殊不知在这样一本"包罗万象，囊括无遗"的百科全书式的经典著作里，不仅包含了曹雪芹造诣极高的文学创作才能，还隐藏了他无可比拟的建筑设计才能和超乎常人的空间想象力。虽然大观园是虚构园林，我们仍然可以在阅读中深切感受到中国古典园林的建筑美学的深厚造诣。存在于大观园的单体建筑中，宝黛钗三人的居所是最为吸睛的。下面，我就来分析宝黛钗居所各自的建筑特点以及反映出来的人物形象和人物性格。

1. 怡红院——流动空间

贾宝玉在园内居所为"怡红院"，是大观园内最雍容华贵、富丽堂皇的院落。这也正是大荒山的那块顽石幻形入世的"花柳繁华地，温柔富贵乡"的表现舞台。而怡红院却不只是"温柔富贵"之地，包含其中的还有现代建筑手法"流动空间"的运用。

流动空间的概念是不把空间作为一种消极静止的存在，而是把它看作一种生动的力量。现代建筑师在空间设计中避免孤立静止的体量组合，而追求连续的运动空间。为了做到连续性和增强流动感，建筑师通常会在水平和垂直方向都采用象征性的分隔，保持最大限度的交融和连续，以便实现通透、交通无阻隔性或极小阻隔性，再而使用流畅的、极富动态的、有方向的线型引导模型。怡红院中就用了纱橱锦槅和书橱门窗作为象征性的分隔和引导模型，实现了空间的流动性。在原著的第十七回，贾政带领众人走进怡红院时，"未进两层，便都迷了旧路，左瞧也有门可通，右瞧又有窗暂隔，及到了跟前，又被一架书挡住。回头再走，又有窗纱明透，门径可行……""说着，又转了两层纱橱锦槅，果得一门出去""掩过镜子，露出门来"。加以想象，我们以第一人称视角来观察会发现，正房内的延展性很强，并且设置了多个出口，颇有点"山重水复疑无路，柳暗花明又一村"的意味。这迷宫一样的

---

① 陈美如．谈谈大观园中宝黛钗居所的建筑艺术［J］．语文月刊，2019（4）．

房屋布局，不仅让贾政一行人犯了糊涂，也让误入怡红院的刘姥姥感到迷惑："这已经拦住，如何走出去呢？"这正是"流动空间"的简单运用的妙处。

特殊的建筑布局更是映射出贾宝玉不同于常人的性情。我们知道，园林的人格化也是大观园园林艺术的重要特征。每座园林都是择园人情感和性格的影射，从而达到见其园而知其人的效果。园林性格与主人性格的一致性不仅是表面化的相似，更是一种精神层面的契合，这也符合审美心理学的理念。《红楼梦》创作的清末，是那个社会最后的黄昏时期。旧的社会终究会翻篇，崭新的明日曙光也将出现，而贾宝玉就是新时代曙光中的一束。儒家文化观念强调"男子有为""男子入仕""修身治国齐天下"这一理论，被寄予家族厚望的贾宝玉却是打破这个理论的一大重要人物。他鄙弃所谓的功名利禄，憎恶"仕途经济"，被贾政视为"不思进取"。余秋雨说过："越是超越时代的人，往往越不能相容于他所处的时代。"而旧社会的守城人贾政又如何知道这些？不思进取的哪是贾宝玉？而是那些深陷纲常伦理泥沼的千千万万个"贾政"。他们在这摊日渐缩小的淤泥里挣扎和享乐，以及做着见不得人的黑心勾当。当他们静止在那个时代的长河中，而贾宝玉则是站在河堤上玩味地看着他们的人。他自由超前的思想使他跳出了那个泥潭，这使得他可以在河堤以及更广阔的陆地开拓，并不是局限于腐败的小泥潭中。从静止到自由流动，这就是贾宝玉为红学家所称赞的。贾宝玉在思想上的自由生动，也就映射在他居所建筑上了——灵动活泼，富有活力。

2. 潇湘馆——光影交错

怡红院的交错迷离令读者恍若置身其中不知所处，而我们"参观"潇湘馆时又会感受到与之截然不同的建筑氛围。潇湘馆留给读者们印象最深的就是在围墙内的"千百竿翠竹"。当贾政等游到潇湘馆时，"忽抬头看见前面一带粉垣，里面数楹修舍，有千百竿翠竹遮映。众人都道：'好个所在！'于是大家进入，只见入门便是曲折游廊，阶下石子漫成甬路。"竹子被称为"岁寒三友"，又是"四君子"之一，它秀丽挺拔，亭亭玉立，而这虚心文雅的特征令很多古时的文人雅士借竹来抒发自己清高的情操，词人苏东坡便有慨而发："宁可食无肉，不可居无竹。"黛玉也爱竹："我心里想着潇湘馆好，我爱那几竿竹子，映着一道曲栏，比别处幽静。"爱竹之人，无非透露了他们坚韧不拔、刚劲有节的内在性格。潇湘馆的竹子除了衬托了林黛玉纤巧的身段和弱柳扶风的步态，更塑造了她清高孤傲的性格。竹秋斗风霜、冬傲冰雪的不屈风貌，与林黛玉的叛逆性格相契合。不仅如此，竹子还为潇湘馆增添了许多"自然音"。在宝黛共读《西厢记》，这时，潇湘馆的翠竹是"凤尾森森，龙吟细细"；在"秋霖脉脉""且阴的沉黑"的黄昏，林黛玉病卧在床，听那雨滴竹梢之声，更觉凄凉，寄景于情，写下《秋窗风雨夕》之词。竹子为林黛玉的情感提供了寄托，她寄人篱下的复杂情绪和内心中按捺着的对贾宝玉的爱，都借助着竹子发出的自然音而更加地鲜明，从而更加丰腴了林黛玉的人物形象。

竹子不仅丰满了林黛玉的形象塑造，还阻碍了光线的展开，成为产生阴影的构件。在三十五回中，"一进院门，只见满地下竹影参差，苔痕浓淡，不觉又想起《西厢记》中所云'幽僻处可有人行，点苍苔白露泠泠'二句来""竹影映入纱来，满室内阴阴翠润，几簟生凉"。这"参差"竹影，"阴阴翠润"的竹影，令"几簟生凉"的竹影，不仅投射在室内，更映射出林黛玉的心境也宛如被竹影笼罩一样，而这也就不得不提到建筑的光影设计了。

建筑的光影是指光勾勒出建筑物的轮廓，在物体的背后聚集阴影，给予它们深度。如果没有适当的光，实体的立体感就显示不充分，相互关系也交代不清，会使设计中很多富有美感的特征失去作用。光影结合能够强化环境空间的立体效果，实现建筑空间的"视觉"扩建，也可以在光强弱条件不一时烘托不一样的气氛。从第十七回对潇湘馆的描述"小小的三间房屋，一明两暗"我们得知，潇湘馆并没有怡红院那么大，只设置了三间小房，明暗不均。第四十回贾母带着刘姥姥和一行人来到潇湘馆，进入正房就坐着歇息，可见潇湘馆正中间一间明间是一个小厅堂，其余的两间暗间分别是林黛玉的书房和卧室。那么，为什么曹雪芹在写潇湘馆的时候不写"一暗两明"或是"三间明亮的房间"呢？作者之所以刻意地设计成"一明两暗"，是因为建筑环境正是人物内心世界压抑的真实写照。林黛玉客居荣国府，寄人篱下，她的内心深处是抑郁悲伤的。为了切合林黛玉的这种孤苦无依情绪，曹雪芹特意用了这种"一明两暗"的设计，让林黛玉的卧室处于黑暗，也就象征着她的心境经常处于一种孤独伶仃、暗自神伤的氛围。

当竹影在各种不同的自然光下呈现出不同的姿态，在青苔上，在窗框上，在墙上洒下不同的影子，这也就象征着林黛玉因为贾宝玉而呈现出的不同姿态。在我看来，贾宝玉就是林黛玉的光源，因为有贾宝玉这个光源在，林黛玉才能像竹影一样产生不同的姿态和性情。

3. 蘅芜苑——极简主义

蘅芜苑的建筑格局是大观园中最为特别的。在第十七回中描写道："步入门时，忽迎面突出插天的大玲珑山石来，四面群绕各式石块，竟把里面所有房屋悉皆遮住，……顺着游廊步入，只见上面五间清厦连着卷棚，四面出廊，绿窗油壁，更比前几处清雅不同。"从描写中我们得知，未进园中时视线会被山石阻隔，只有当绕过山石时才可见正房。这种欲扬先抑的布局不仅造成一种空间的对比和变化的感觉，另外，还赋予了蘅芜苑一种深藏不露的性格特征，也就显示出了深藏的艺术美学。

对于蘅芜苑的正房，给读者印象最深的无非是第四十回贾母携刘姥姥参观大观园的时候的描述："及进了房屋，雪洞一般，一色玩器全无，案上只有一个土定瓶中供着数枝菊花，并两部书，茶奁茶杯而已。床上只吊着青纱帐幔，衾褥也十分朴素。"曹雪芹描写蘅芜苑如"雪洞"一般，屋内线条简洁，呈现出空旷之感，装饰简单，只留下了最必要的物品，其余的一切全部留白。正房内用一句话就可以概括："如无必要，勿增实体"，这就和我们现在常说的极简主义颇为类似，也有研究的学者称之为"极简主义"。我认为这两者存在共同的特性，在此，我用极简主义来分析。

"极简主义"就是去掉多余的装饰，用最基本的表现手法来追求最精华的部分。这最早是由密斯·凡德罗提及的，他提出"少就是多"的理念，开创了极简主义在建筑设计中的先河。蘅芜苑房内的色彩单调至极：白、青。家具摆设就只有床，书，茶杯，菊花。这些装饰在大观园中显得与众不同，特别是相比于贾宝玉富贵华丽的怡红院来说，蘅芜苑就更显得清冷和朴素。而灰白黑的单调色彩，在贾母看来，是"使不得"的，并说："年轻的姑娘们，房里这样素净，也忌讳。"揣摩一下贾母的内心活动，贾府作为皇亲国戚，家中富丽堂皇，熠熠闪光，而不是什么朴实素净，着实可以令人理解。况且是在刘姥姥这样的穷人面前，谁不希望被人羡慕和奉承呢？贾母认为素净的房间会显得自己脸上很失面子，因此也就说"使不得"，这也就侧面反映出封建贵族的虚荣和奢靡。

容易混淆的是，李纨倡导的是田园主义，是一种与自然亲密相处的简朴的乡村生活理想，而薛宝钗则是大观园中唯一的极简主义者，极简主义倡导高质量的简单生活。这两者是不一样的。薛宝钗就如正房外的群青色的"藤萝薜荔"和散发异香的"杜若蘅芜"，她偶尔情绪的波澜也不打扰她内心的那份清晰的自我认知感。她清楚自己在贾府的地位，也明白自己和贾宝玉的爱情是由家长们掌控的，所以她可以写下"好风凭借力，送我上青云"这样的诗句。在她看来，"上青云"是需要"好风"的，而为了得到"好风"，她在各色人中圆润地应对，以达到她自身追求的"青云"。而在我看来，"青云"正象征着极简主义者薛宝钗所追求的高质量的生活。薛宝钗为了实现这样的生活，积极入世，周旋于人来人往，这样的态度应该是她最大的人格魅力，而不是直观感受这两句诗，以偏概全。

（学生：陈美如）

这两篇高一、高二一头一尾的学生习作正好显示追本溯源及梳理和推断两种"样式"。而且还告诉我们："别说自己的学生不行。"总之，学生写得好，教师和学生都会信心满满，一个个专题读写、一本本书阅读就能够持续做下去；学生写得不好，教师和学生都会充满挫败，失去自信，专题读写或整本书阅读就难以为继。我们从当初心里惴惴不安期许的"应然"状态，一步一步走到今天，走到论文写作所呈现或所达到的"实然"状态，这样的语文教育不正是从应然走到实然，再从实然朝着另一次应然一次次努力的结果？一次次专题学习或整本书阅读的论文写作的成功，给了我们无尽的惊喜，也给了我们不断的获得感、满足感、成就感，以及让我们一直走下去的信心和勇气。一如学生所说："没想到，我们居然还有思想！""原来专家、学者写出来的论文，我们也写得出来！而且还写得好！""太出人意料！我的作文竟然变成铅字发表啦！"

四、结语

其实，只要看一看教科书单元编排的比重或者看一看测试卷分值的分配就不难发现，我们的语文教育长期以来都是以阅读教学为主，写作训练或练习只是兼顾一下而已。我们或许一直没有弄明白，写作训练或者写作论文，其本身就是阅读、学习"知识"的最好的方法。胡适说："发表是吸收的利器，又可以说手到是心到的法门。"①因为，为了写好"这样一篇"文章，学生还得再次去读书，还得学会积极主动，深入细致，针对性强，还要一边读书、一边梳理、一边思考和一边组织与构架，而这些与为学习而学习，为读书而读书比起来，其过程及效果根本不是一回事。所以，在我们的专题学习或整本书阅读过程中，写作论文的重要程度绝不亚于之前长时间的阅读和思考，不然，我们也不会称之为学习的"出口"，喻之为一座文章的"大厦"。

最后再从做人、做事层面补充几句：在专题学习或整本书阅读的过程中，学生既需要静下心来，力戒浮躁，脚踏实地，坚定不移，不断克服遇到的困难和挑战，也需要从整体去考虑，如周密地布局，反复地掂量，合理地安排，以及妥善处理好细节或局部与整体的关系，等等。可以说，这样的品质磨炼，也必将影响到学生未来在社会上的做人、做事，甚至影响到学生一生的成长和发展。为此，我们可以毫无疑问地说，在高中阶段，要踏踏实实地教给学生一项一生都有用的本事、本领，就得让学生在学习的最后阶段，建筑起这样一座文章的"大厦"——这是一件立德树人、功德无量的大好事，其意义重大，影响深远。

---

① 胡适.胡适文集（第4卷）［M］.北京：北京大学出版社，1998：127.

■ **第十讲**

带一本书去旅行

——"游学课程"思考及《诗经》《论语》游学策划

我是在 2002 年开始关注"游学"的事的。那一年秋天，学校让我带队，领着学生去北京，走了故宫、长城、清华园、燕园等很多地方。让学生印象最为深刻的是在北京三环边上的中国现代文学馆，因为，就在那之前不久，学生才刚做完"走进鲁迅世界"专题学习。第二年 7 月，我的那届学生参加完广东省高考，学生金璐告诉我说，她的高考作文就是以中国现代文学馆院内鲁迅雕塑头像作为开头写作的，而后便一气呵成。如果把她当年获得 880 总分换算成我们今天的原始分，那她的作文得分就应在不低于 58 分的高分区位。就是这样一件"专题"加"游学"的事，在当年，给了我很大触动。

之后，有很长一段时间，我在广东的城市边缘、沿海或山间的村落等地不断游走，到过广州天河瘦狗岭银河公墓的萧红墓地，惠州的西湖、东坡纪念馆和东坡祠，中山翠亨村的孙中山故里，江门新会区茶坑村的梁启超故居，佛山南海区银河村的康有为故居……而让我真正意识到"游学"的意义和价值，那已经是十多年以后的事情了。从 2010 年至 2016 年，我先后去了甘肃、宁夏、青海、西藏（最远到阿里地区）等地，竟有十几次之多。"在路上"的行走，也让我知道这一路上的风景对我的思想、心灵、精神、灵魂等起到了怎样的作用。于是，2015 年 8 月，在《中国教育报》上，我发表了一点自己对"游学"的看法，那就是《带一本书去旅行》的一篇小文。

20 年来，每次要做一个专题或读一本书，我都会把与"这个专题"或"这本书"有关的地貌风情、实物资料等图片上传网络平台，通过图文并茂的方式让学生了解当地、当时的山川景物、风俗人情，让学生和我都能够感同身受或身临其境。如《诗经》、《论语》、《楚辞》、李白、杜甫、苏轼、王安石等，甚至像莎士比亚、伍尔夫、加缪、海明威、卡夫卡等，我都想办法找到他们居住过的地方或生活的轨迹等图片资料。我在想，仅仅有文字，而没有地下的文物，地上的实物、实地及实景等，我们又到哪里去找到他们和我们"离家""回家"的路？

下面，就说说我对这种特殊的"游学课程"的思考，并给出《诗经》《论语》两个游学课程的说明及策划，以便给"游学课程"做一个强烈的呼吁与支持。

一、对"游学课程"的思考

有人说，"游学"的精神起源于孔子，孔子及弟子的"周游列国"是现代游学的始祖。这话我基本能信。因为在很多年前，我写下这样一段话，就引用过比孔子没小多少的弟子曾皙的"春游"图景。我说：

我一直在幻想这样一幅学习语文的画面：太阳出来了，风吹在脸上，老师带着学生登上芳草萋萋的山岗，面对远处的青山或大海，读诗书，诵经典，谈抱负，诉追求……"莫（暮）春者，春服既成，冠者五六人，童子六七人，浴乎沂，风乎舞雩，咏而归"，两千多年前孔子的学生描绘的那样一幅画面至今让我感念怀想、心往神追……①

时至今日，我依然记得前些年的一个夏天，我们一行 4 人去河南长垣县学堂岗村圣庙"蒲城杏坛"的情景。那是《论语》中"子路、曾皙、冉有、

① 吴泓．那是温暖和百感交集的旅程［J］．中学语文教学参考，2003（10）．

公西华侍坐"一章的发生地，也是子路"率尔而对"说出自己可治理"千乘之国"的地方。据说，一日，孔子率弟子4人路过蒲城，到了此处，忽然天降大雨，不得已到了一农户家躲避。后来雨越下越大，师徒5人便暂住下来，并且在此讲学了7天。空闲时，孔子便要四弟子言谈各人的志向，了解他们治理国家的才能。子路做了蒲城地方官后，就在此修建了学堂。我和学生读《论语》时还这样设想过：假如没有这一路长达14年之久的种种艰辛与欢乐的人生体验——"周游列国"，孔子和他的弟子会止步于一种怎样的人生局限？由此，便可想见，这样一场艰辛的"游学"经历，对他们的人生体验、人格思想、精神境界等有着怎样的影响。

我们固然可以把孔子的"周游列国"看作是被迫无奈之举。但无论是被迫还是主动，都无法改变这样一个事实：这段人生经历，给他们一生带来重大影响，也对他们后来的成就产生巨大作用。这也正如司马迁在历数前人——"昔西伯拘羑里，演《周易》；孔子厄陈、蔡，作《春秋》；屈原放逐，著《离骚》；左丘失明，厥有《国语》；孙子膑脚，而论兵法；不韦迁蜀，世传《吕览》；韩非囚秦，《说难》《孤愤》；《诗》三百篇，大抵贤圣发愤之所为作也"①——之前说他自己："二十而南游江、淮，上会稽，探禹穴，窥九疑，浮沅、湘。北涉汶、泗，讲业齐、鲁之都，观孔子之遗风，乡射邹、峄。厄困鄱、薛、彭城，过梁、楚以归。于是迁仕为郎中，奉使西征巴、蜀以南，略邛、笮、昆明，还报命。"②再如司马迁之后的李白、杜甫、苏轼、鲁迅、沈从文等，哪一位不是"读万卷书"，"行万里路"，最终使自己成就为思想、文化上的巨人的？很难想象，假如鲁迅当年并没有东渡日本，那他又怎能看到在仙台医学专门学校放映的那个时事短片？——在中国东北进行的日俄战争中，一个中国人给沙俄军队当侦探，被日军抓获，在他被枪毙时，围观的却是一个个神情麻木的中国人。他又怎能听到日本学生在看了短片之后的欢呼声？他又怎能得出"凡是愚弱的国民，即使体格如何健全，如

---

① ［汉］司马迁. 史记［M］. 上海：上海古籍出版社，2011：2487.
② 同上，2482.

何苦壮，也只能做毫无意义的示众的材料和看客，病死多少是不必以为不幸的。所以我们的第一要著，是在改变他们的精神，而善于改变精神的是，我那时以为当然要推文艺，于是想提倡文艺运动了"① 这样的思考，最终做出"弃医从文"、以笔唤醒民众的决定？

日本学者松浦友久在评价李白"行旅"意义时说：

一般说来，人在"行旅"也即在"异乡"很容易使包括旅情、乡愁在内的情感，尤其是诗歌的感受性活跃起来。就其基本方面而言，即是对一种未知或者说是非日常的时空的期待和不安。"行旅使人成为诗人"不仅为人所共识，而且"行旅很容易使诗人产生优秀诗作"也确实是文学史中的事实。②

可见，人在"异乡"，自有一种不同于家居的情感和思维。这种情感和思维的感受性也比任何时候都要更加活跃。而且还会"使人成为诗人"，"产生优秀诗作"，而这不正是中国现代文学馆之于我的学生学习和写作的作用吗？事实上，不只是"文学与行"，还有"史学与行""哲学与行"等。古今中外，哪一位哲人、巨匠不是一位真正的行者？实际上，就算是一个普通人，也会扩大视野、增长见识，也会让自己的思维、思想活跃或"立体"起来。

所以，在今天，随着20世纪以来世界和平的潮流和全球化进程的发展，人们也深刻认识到"游学"对于一个人成长的作用、价值和意义。而现代教育意义上的"游学"也逐渐成熟为一种国际性、跨文化、体验式的教育模式。

"游学"确实是一种最古老又最现代而且也非常有效的学习、教育方式。如果说专题学习或整本书阅读中的梳理、探究可以加深学生对"知识"、事物的理解、记忆和运用，那么，"游学"的作用、价值和意义就在于，它不仅可以突破文字及个人想象所导致的另一种局限，极大丰富学生对专题或"整本书"内容的学习与理解，还可以让学生在一种具有时空维度的实地考察中

① 鲁迅.鲁迅经典全集·小说集［M］.北京：北京理工大学出版社，2016：4—5.
② ［日］松浦友久.李白的客寓意识及其诗思——李白评传［M］.刘维治，尚永亮，刘崇德译.北京：中华书局，2001：297.

不断丰富自己的体验与感受，真切看到他者和自己人生、命运和生命的本质和真相。如果没有"游学"这样的课程，仅有课堂上那"可怜"的一点东西，即使有我们设置专题学习或整本书阅读这样广阔、丰富的课程，那也难补足其缺陷或不足。

所以，在认清"游学"对学生成长的作用、价值和意义之后，我们就不能整日地把学生关在学校里"死读书""瞎应试"而不让其接触自然、社会。我们还是要让学生走出校园去"行万里路"，去"交四方友"。这样，我们才能够真正培养出爱自然、爱自己、爱社会、爱国家和爱民族，既有人文生命底色，又能创新应对未来发展的人才。

二、《诗经》游学课程说明及策划

《诗经》所收录的诗歌，牵涉到的地域非常广阔。作为一门高中生游学课程，不可能一一涉及。下面，我仅提供或策划出四个版块，以供大家参考。

1. 周南、召南版块

《诗经》所收录诗歌陆续成篇，大约是在公元前1100年至公元前600年。周灭商建立周王朝之前，周已是"三分天下有其二"[1]；再经过周文王、周武王两代人的努力，到了周成王时代，周公旦与召公奭便"分陕而治"。周公旦治理南方诸国称为"周南"，约在今河南省西南部，即从洛阳到湖北省西北部一带。"召南"则为召公奭统治之诸国，约在今河南省西部及陕西一带（有人认为还应包括蜀国和巴国等地）。所以，我们在说到周朝初年或者周王朝以前的诗歌，就将周南、召南合并成一个版块。这也是《诗经》中最靠前的两块内容。而设置"游学课程"，我们便只选取陕西洽川、湖北房县两地。

第一，陕西洽川。有学者认为，陕西省合阳县洽川镇是《诗经·关雎》一诗的发祥地。这里东临黄河，西靠大山，北通龙门，南望太华，是周文王

---

① 徐志刚.论语通译［M］.北京：人民文学出版社，2000：99.

迎娶"有莘国"之女太姒之地。即《诗经·大雅·大明》篇中的"文王初载，天作之合。在洽之阳，在渭之涘。文王嘉止，大邦有子。大邦有子，伣天之妹。文定厥祥，亲迎于渭。造舟为梁，不显其光"①。这里有4100年前大禹的母亲、3600年前商汤的妃子、3100年前周文王的母亲和妃子的"四圣母庙"（黑池镇北雷村）；有孔子死后，子夏到洽川设教、授徒、传经的"石室学堂"遗址（洽川镇莘里村）；有在隆冬之日，雾气腾空、神秘壮观的七眼天然"瀵泉"；有太姒在出嫁前由姊妹陪伴洗浴净身的稀世奇泉——处女泉。当然，一定还有"关关雎鸠，在河之洲"，春夏碧浪翻滚，秋冬芦花满天的"黄河湿地公园"。

带上《诗经》，行走至此，可诵读《周南》部分诗歌及《诗经·大雅·大明》一篇。

关于《诗经·关雎》一诗的发祥地还有很多种说法，如河南济源说、孟津说，湖北房县说，湖北十堰韩家洲说，湖北当阳沮漳河畔说，等等。当然，也有学者认为，"《诗经》里面一开始就是《周南》《召南》，这两个部分就是描写的周公、召公各管的那一片的诗歌。这首诗是《周南》，这样就把地理位置确定了，就是汉水流域"。《诗经·关雎》就是三千年前古人流行的"民俗活动"，"是在相亲，发生了这样的事情"的民歌。②

第二，湖北房县。为什么选择湖北省十堰市房县？因为，一些学者对历代典籍、地方志等进行梳理发现，早在孔子之前，就有人采集、整理过《诗经》，这个人就是周宣王"中兴时期"的太师尹吉甫，尹吉甫即是房县人。既然太师是负责采诗的官职（一说"兼职"），那么，尹吉甫大概就应该是《诗经》早期的采集、编订者。而且，尹吉甫自己也是一位伟大的诗人，《诗经》中很多篇章就是他所写成，如《大雅》中的《崧高》《烝民》《韩奕》《江汉》等。据此，我们便可以大致认定房县也是《诗经》的发源地之一，是尹吉甫重要的采诗地。《诗经》文化在房县历代传承，使房县成为中国闻

① 周振甫.诗经译注［M］.北京：中华书局，2013：397.
② 流沙河.诗经点醒［M］.成都：四川文艺出版社，2018：7—11.

名的《诗经》之乡，他起到重要作用。

房县历史悠久，文化厚重。房县县城中心建有"诗经广场""诗经大道"等；位于县城以东 36 公里的尹吉甫镇，其万峰山上有尹吉甫宗庙"宝堂寺"，寺院后的岩壁上有一古代雕琢的石窟，现存有石碑、石像等。

带上《诗经》，行走至此，可诵读《召南》部分诗歌及《大雅》中的《崧高》《烝民》《韩奕》《江汉》等篇章。

房县地处鄂西北大山深处，被誉为"中国《诗经》文化之乡"。当然，这一美誉，也为当代一些学者所质疑。但其原生态的《诗经》文化影响着世代房县人民，《关雎》等民歌历数千年口口相传至今，成为传统文化传承的一大奇迹，却也是事实。想要更深入了解，还可上网搜寻中央电视台栏目《经典咏流传》视频——"房县《诗经》民歌又一次登上央视"等资料。

2. 邶风、鄘风、卫风版块

邶、鄘、卫都是卫地。在春秋时人们就已经把它们看作是一组诗了。如《左传》鲁襄公二十九年记载吴国公子季札到鲁国观周乐，"为之歌《邶》《鄘》《卫》，曰：'美哉渊乎！忧而不困者也。吾闻卫康叔、武公之德如是，是其《卫风》乎！'"又如三十一年，卫国北宫文子引用《邶风·柏舟》中"威仪棣棣，不可选也"，称之为卫诗。[①] 在此，我们依照旧说，也将它们合作一处，统称《卫风》。

卫地原本是殷商故地，周武王灭殷后，占领了殷都朝歌（今河南省淇县）并三分其地。朝歌的北边是邶，东边是鄘，南边是卫。《卫风》的产生地大体就在今天河南省安阳、濮阳、淇县、卫辉、滑县、开封、中牟等地。卫地西高东低，地貌多姿，山区、丘陵、平原、河道、泊洼兼而有之。这里有一条流经鹤壁市境内最古老的河流——淇河，古称淇水。在《诗经》39 首卫地民歌中，直接写到淇河的就有 6 首，它们是《泉水》《桑中》《淇奥》《氓》《竹竿》《有狐》。所以，到了鹤壁，进入"淇河国家湿地公园"（其中包括收集各时代诗歌 1500 首的"淇水诗苑"），沿着这样一条无愧为"诗河、

---

① 杨伯峻.春秋左传注［M］.北京：中华书局，1981：1161—1162，1194.

史河"的两岸一路往上或往下走，或探访周边小村落（如辛村），便可领略悠悠两千多年前《诗经》的神韵。

当然，你如果还是《卫风》中《氓》的"追星族"，就还可以到附近浚县屯子镇的蒋村，去寻找那"送子涉淇，至于顿丘"的"古顿丘城"。据说，这在当时也是临水的小城，可惜再也看不到当年的繁盛了。

带上《诗经》，行走至此，可诵读《邶风》中《击鼓》《泉水》《静女》，《鄘风》中《柏舟》《桑中》，《卫风》中《淇奥》《硕人》《氓》《竹竿》《伯兮》《有狐》《木瓜》等篇章。想象着那随着地形地貌一去不复返，"桑间濮上"的"郑卫之声"。

3. 郑风版块

周宣王时期，封其弟友于郑地。友，指郑桓公；郑地，最初在今陕西西安附近。犬戎攻破西周王朝时，他与周幽王同时被杀。其子郑武公与周平王东迁，吞并虢国、桧国领土，沿袭旧号，命名新都为新郑，在今河南省新郑市、新密市一带。春秋时期，郑国统治区域大致包括今河南省的中部和河南省邻省部分地方。《郑风》就是指这一地区的民歌。

郑国与东周王畿接壤，经济、文化都比较发达。春秋之际，民众创造了一种具有地方色彩的新曲，情感既激越活泼，又细腻柔美，较之迟缓凝重的"雅乐"无疑是一大进步。《郑风》21首绝大部分是情诗，这与郑国有溱、洧二水便于男女游玩、聚会的风俗习惯有关，而溱、洧二水也当之无愧地成为一条"爱情之河"。当然，这里还是轩辕黄帝的故里，可以顺道一游。但要感受《郑风》的魅力，除了到位于新郑市东边溱水之滨的"郑风苑""郑韩故城"这一带，还应到新密市曲梁镇牛角湾村的"牛角湾湿地庄园"，到那里去寻找溱水的源头（"溱源洞穴"，今建有"溱源溪舍"）。夏始春余，这里的田野，绿油油的麦苗正在生长，金灿灿的油菜花烂漫一片，泡桐花如同紫色云雾一般，小河蜿蜒穿越小树林流入芦苇丛中，鲜花也顺着河道开放着……

带上《诗经》，行走至此，可诵读《郑风》中《将仲子》《女曰鸡鸣》《有女同车》《山有扶苏》《萚兮》《狡童》《褰裳》《丰》《风雨》《子衿》《扬之水》《出其东门》《野有蔓草》《溱洧》等篇章。

4. 陈风版块

陈地在今河南省周口市的淮阳、柘城及安徽省亳州市一带。这里丘原平广，湿地众多。据说，最早是太昊伏羲氏建都所在（"宛丘"，今有"太昊陵"），后炎帝神农氏也继都于此（易名为"陈"）。《陈风》10 首诗中有 8 首写婚姻恋爱，这与该地民众崇信巫鬼的风俗有关。《汉书·地理志》说："太姬（周武王的长女，嫁给陈国第一代君主胡公满）妇人尊贵，好祭祀用巫。故俗好巫鬼，击鼓于宛丘之上，婆娑于枌树之下。有太姬歌舞遗风。"[①]《宛丘》《东门之枌》等诗就是明证。《陈风》那不劳曲求、率性敞亮、真挚热烈的婚恋诗，也大多发生在淮阳城东门之外的宛丘和这里俗称"城湖"的"万亩龙湖"之上（如今已建成为"龙湖国家湿地公园"）。这里是古代富庶的陈国人幽会欢歌、谈婚论嫁、巫舞祭祀、擂鼓击缶、评议朝政的地方。

带上《诗经》，行走至此，可诵读《陈风》中《宛丘》《东门之枌》《东门之池》《东门之杨》《墓门》《月出》《株林》《泽陂》等篇章。

"《诗经》最早收录的诗歌，据今天有 3000 多年了。世事变化如浮云，山和水却是相对恒定的自然物，是可以寻找和感知的。它们塑造了一地的物质文明，又建构起一地人的精神世界。纵使表面的物象已经面目全非，我们依然能够从山水格局中，找到通往《诗经》时代的入口。"[②] 所以，带上一本《诗经》吧，这是那个时代"政治"或"语文"的教科书。然后，我们一起去感受两千多年前先民与自然、社会那种最为质朴的关系，并遥想那个时代人们最为真挚、单纯、热烈的聚散离合的情感——喜怒哀乐与爱恨情愁，无限接近那段最古老的文明。

三、《论语》游学课程说明及策划

把《论语》一书作为一门高中生游学课程，我们主要选取孔子及弟子"周

---

① 程俊英.诗经译注［M］.上海：上海古籍出版社，2012：135.
② 丘濂.诗意中国·寻访《诗经》的山、水、植物［J］.三联生活周刊，2019（24）.

游列国"，即今天河南省内的一段。下面，我仅提供或策划出两个版块，以供大家参考。

1. 卫国版块

春秋时期，卫国管辖的区域主要在今河南省安阳市、濮阳市、鹤壁市、新乡市和开封市的兰考县一带。公元前 629 年，卫成公从楚丘（今河南省滑县八里营乡殿上村）迁都至帝丘（今河南省濮阳市内）。公元前 535 年至公元前 482 年，卫国前后经历了卫灵公、卫出公执政，孔子及弟子"周游列国"便是在这"两公"统治时期来到卫国的。

孔子在外"周游列国"14 年。据考证，滞留时间最长的是在卫国，即卫灵公时期，约 5 年；卫出公时期，约 4 年。前后共约 9 年时间。师徒一行在卫国境内留下了很多可考的踪迹或遗址。如在濮阳市内有"戚城遗址"（见图 1），相传是卫灵公的外孙孔悝的采邑；在"戚城遗址"靠北的旁边有"仲夫子祠"（即"子路博物馆"）和"子路墓（坟）"（见图 2），相传已是明清时所建；在距濮阳县 10 公里左右东南边的五星乡高城村有"卫国都城遗址"，这应是当年卫国都城所在地。在长垣县的学堂岗村有圣庙，即"蒲城杏坛"。在卫辉市古城南关附近有"孔子击磬处"（见图 3）。在兰考县仪封乡有"请见夫子处"和"请见书院"等（见图 4）。

子路的祠堂和坟茔与"戚城"相距很近，这原因或许是，在卫出公在位的第十二年，他的父亲蒯聩从国外潜回国内，进入到既是自己外甥又是卫国权臣的孔悝家中，挟持着孔悝一起袭击卫出公。而此时子路也正在孔悝家做家臣，听说发生暴袭，立马驱车从外面赶回。他认为自己既是孔悝的家臣，也就是卫国的臣子，就应该为卫国出力。于是子路赶到高台，蒯聩叫两名勇士带兵到台下去攻打他。子路寡不敌众，最终被砍成了肉酱。这便有了子路"结缨而死"[①] 的记载。

关于"子路、曾皙、冉有、公西华侍坐"一章发生地，有各种各样的说法。一说孔子在"周游列国"之前鲁国的"课堂上"或"课间"；一说孔子

---

① ［汉］司马迁. 史记［M］. 上海：上海古籍出版社，2011：1700.

图 2 "子路墓"

图 1 "戚城遗址"　　　　　　　图 3 "孔子击磬处"

图 4 "请见夫子处"和"请见书院"

在"周游列国"途中的学堂岗村这一带。也只有这两地最具可考性。按钱穆的假设"当在子路为季氏宰之先"，即鲁定公十一年（公元前519年），孔子"堕三都"的前一年，因为"时孔子年五十三，子路年四十四，曾晳年当三十许，冉有年二十四，则子华年二十一也"①。但此时在鲁国，正是孔子充

---

① 钱穆.先秦诸子系年［M］.北京：商务印书馆，2015：92.

满济世情怀、施展抱负的时候，在弟子各言其志后，他为什么独会"吾与点也"？这显然不符合孔子那时的心态。那么，唯一的解释是，孔子师徒一行，辗转来到卫国，反复碰壁之后，在一次路途中讲学之余，让弟子各言其志，而曾皙所答，深得其心。而且，此时也正在子路为蒲城地方官之前，子路言能治"千乘之国"也较为合理。

"卫多君子"，如蘧伯玉、孔文子、史鱼、王孙贾、祝鮀等，他们对孔子都极为尊敬。卫灵公也算礼贤下士，善待孔子。而且，孔子出自卫国的弟子还很多，如子贡、子夏（一说魏人）、颛孙师、廉絜、句井疆、狄黑、荣旗、奚容箴、颜浊邹等，仅排在鲁国之后而居于第二位。尽管如此，但毕竟当时诸侯争斗，礼崩乐坏，孔子的政治理想还是"不合时宜"。《论语·宪问》就记载："子击磬于卫，有荷蒉而过孔氏之门者，曰：'有心哉，击磬乎！'既而曰：'鄙哉，硁硁乎！莫己知也，斯己而已矣。深则厉，浅则揭。'子曰：'果哉！末之难矣。'"可见，他在卫这些年，还是时时发出"悲音"——"孔子击磬处"就是明证。

今天的兰考县仪封一带，据说已是卫国南边的国境线。《论语·八佾》就记载："仪封人请见，曰：'君子之至于斯也，吾未尝不得见也。'从者见之。出曰：'二三子何患于丧乎？天下之无道也久矣，天将以夫子为木铎。'"我们一行到此，守院老人问我们何方人士，还以为我们是日本人、韩国人等。时值夏季，烈日炎炎，绿树茵茵，镇上也人迹稀少。我想，我们真应该带学生来这些地方走一走。这才是中华文化、文明之根呐！

2. 陈国、蔡国版块

孔子及弟子"周游列国"，除了大部分时间在卫国外，余下的便是郑国进不去，流离、被困于"陈蔡之间"了。

第一，孔子在陈。

孔子到陈国，已是陈国最后一任国君陈湣公时期（公元前 501 年至公元前 478 年）。据说，孔子一共到过陈国三次，最长一次有 3 年左右。孔子第一次到来，陈湣公以上宾之礼迎其入城。老友司城贞子请求孔子下榻其府第，陈湣公准奏。从此，孔子师徒便住在司城贞子府上，参与朝政并领取俸禄。

孔子的见解、学识让陈湣公非常佩服，时常召其入宫或驾临司城贞子府上拜访、问政、问礼、切磋学问，但孔子在陈国还是一事无成。公元前489年，孔子第三次到陈国。这一年，吴国攻打陈国，陈国求救于楚，楚发兵与吴军战于城父（今安徽亳州东南）。楚昭王听说孔子在陈，便派人聘请孔子。陈国和蔡国的大夫们商议，以为楚用孔子，陈蔡必危，乃相与发兵围孔子于野。传说，孔子绝粮三日，幸得子路降服鲇鱼精，孔子与众弟子杀之充饥。于是，便有了孔子及弟子的"在陈绝粮""在陈曰归"这一件件动人的故事。

据记载，"在陈绝粮"地址在今河南省淮阳县城西南隅的"南坛湖"中。孔子南行，在此虽被围困绝粮，但仍"弦歌不衰"。于是，后世人为纪念孔子此事而建造了"弦歌台"。"弦歌台"，又名"厄台"或"绝粮祠"。此台三面临水，只东面有一小道可通。台上原有楼阁、廊庑、斋室等建筑。后屡修屡废。现存大门、二门两座，正殿七间，均为绿琉璃瓦盖顶。正门石柱上镌刻的对联是"堂上弦歌七日不能容大道，庭前俎豆千年犹自仰高山"。前门上有清康熙五十年（公元1711年）立的石匾，上书"弦歌台"三个大字。孔子"在陈绝粮"后曾有"归与！归与！"之叹。河南漯河市东40里地召陵区召陵岗一带，传说，孔子在此思归，并且吃了一顿冷饭，至今仍有"归村"和"冷饭店"。可惜如今"归村"所留痕迹，几乎全无。

孔子在陈，在《论语》中留下的记载仅3章，即《卫灵公篇》："在陈绝粮，从者病，莫能兴。子路愠见曰：'君子亦有穷乎？'子曰：'君子固穷，小人穷斯滥矣。'"《公冶长篇》："子在陈，曰：'归与！归与！吾党之小子狂简，斐然成章，不知所以裁之。'"而这一路漫漫征途，则需要我们更多地发挥想象和假设了。

第二，孔子往蔡。

都说到了孔子时期，周王朝是礼崩乐坏，但具体崩坏到何种程度，大多数人还是没有什么概念的。下面，我们可先看看蔡国一次灭国、两次被迫迁都的年份，然后再与孔子"周游列国"（公元前497年至公元前484年）前往蔡国的时间做一个大致比照。

公元前531年，楚国灭蔡国，攻占上蔡（河南省驻马店市上蔡县城西南）。公元前 529 年，蔡平侯复国，迁都新蔡（今河南省新蔡县）。公元前 506 年，蔡国随吴国伐楚，并攻入郢都。公元前 493 年，在楚国的逼迫和吴国的帮助下，蔡昭侯（公元前 518 年至公元前 491 年）迁都于州来（今安徽省凤台县），称为下蔡。由此，我们便可以推算，即使到了蔡昭侯时期，孔子也都还没来到蔡国。孔子离卫南行，进入蔡国，时间大概已是蔡昭侯之后的蔡成侯时期（公元前 490 年至公元前 472 年）。而此时，距蔡灭国的公元前 447 年已经不远

图 5 "子路问津处"

了。那么，什么是诸侯交战，社会失序，礼崩乐坏，我们便不难想见。而这也是我们在阅读《论语》，涉及这一阶段内容时，会不断看到孔子师徒遇到因战乱而避世的众多"隐者"的主要原因。据考证，孔子师徒在蔡国境内留下的可考的踪迹或遗址大多是"在路上"，即经常"打前站"的子路留下的"问津处"。这里，我们选取比较可信的两处：一是距驻马店市东新蔡县南 5 公里关津乡关津集南边、106 国道西侧的"子路问津处"；二是距信阳市东罗山县子路镇西南 15 公里子路河桥北端的"子路问津处"（见图 5）。

北面的关津渡口，曾是春秋乃至明清时期南北通衢大道上的重要水陆码头。据说，在当时，每至日暮，商旅、车船云集，渡口上下一片灯火，橹棹哗哗，人声鼎沸；渡口两侧，岗峦起伏，水流回环，芦苇丛生，巨柳成行。如今汝河裁弯改道，平桥飞架，渡口早废，只剩下关津集南边"子路问津处"的一块石碑而已。

据报道，"子路问津处"现有多处，如山东的鱼台，河南的叶县，以及湖北的新洲（现武汉市新洲区黄林乡，今有"问津书院"）等。到底谁是谁非，我们大可不必介意，这既表示在淮水流域，当年是河道密布，古人以渡

口、船只为主要渡河地点和工具，也反映出"子路问津"的故事在我国很多地方都产生过巨大影响。

四、结语

人为什么要远行？作家刘元举曾写过一本《西部生命》的书来做出回答。他的好友、作家祝勇则说，远行"不仅仅是因为西部对于重塑当代人精神具有重大意义，而且因为游走本身，就是一种思考方式"①。可这么多年来，我们的语文教育却都只发生在课堂上。读《荷塘月色》，学生看不到清华园里朱自清月下漫步的荷塘；读《故都的秋》，学生领略不到北国古都秋天的"况味"；读《边城》，学生无法感受湘西风土人情的"世界"；读《社戏》《故乡》《祝福》《阿 Q 正传》，学生不知道江南"鲁镇"的水乡格局等。这不能不说是一个巨大的遗憾或不足。而我也常常在想，假如我们的高中生，在寒暑假期间，不是去上什么辅导班、补习班之类，而是带上一本书做这样的文化专题之旅，那该多好。要知道，"旅行"不同于"旅游"，"旅行家"式的行走是有文化的人做的事。假如有一天，我们的学生也做这样一件事，也都成为文化人，爱自己的家园，爱自己的祖国，爱自己民族古老的文明，成为一个了解国家历史，懂得民族文化，配得上文明古国这样称号的现代人，那该是多好的事。

我也时常对我的学生说，到川西时读读阿来的《尘埃落定》，去云南时读读雷平阳的《雷平阳诗选》，到青海时读读海子的《海子的诗》，去陕西时读读贾平凹的《秦腔》，到湘西时读读沈从文的《边城》，去绍兴时读读鲁迅的《呐喊》《彷徨》，到山东时读读《论语》、读读钱穆的《孔子传》，去上海时读读张爱玲的《张爱玲经典小说集》，到哈尔滨时读读萧红的《呼兰河传》，去台湾时读读侯孝贤的《最好的时光：侯孝贤电影记录》……

希望我们的学生也能像我一样幸运：读书，行路，思考。希望国家专门

---

① 祝勇 . 为什么远行——感悟刘元举的《西部生命》[J]. 当代文坛，1998（1）：14—18.

为我们的中学生设立一种机构——"中学生旅社"，让大自然的山川河流、名胜古迹也成为传递知识、培养人格的"大课堂"。希望我们的学生在"书"与"路"的熏陶下，都成为热爱文化、古迹，热爱生活、生命的人。你想，我们有那么多博物院、科技馆、美术馆、音乐厅，有那么多历史古迹、名人故居、自然风光……春天，我想带学生去看江南的园林古镇；秋天，我想带他们去看北方的胡杨林……于是，我又进一步遐想，假如我们的中学生能多几个假期，如春季假期和秋季假期，时间不用太长，只两周或半个月，来做这样的文化专题之旅，那该多好。

"上帝创造了乡村，人类创造了城市"①。我们真应该让学生走出课堂，去看看我们日新月异的城市，去看看我们美丽如画的乡村。我们所需要的立德树人，不仅是出类拔萃的智力，更有良好的习惯，优秀的品质，以及不会被所谓假设的命运所击败的坚强的意志。

---

① 洪烛.《诗经》里的那条河 [J].青年文学，1979（9）.